**PRINTED IN
SPAIN**

LOS PUEBLOS MÁS BELLOS DE CUBA

© AGUALARGA EDITORES, S.L.
Avda. de la Democracia, 7
28031 Madrid - España

Diseño
MUNDIAL GRAFIC

Producción
ANDRÉS SOTILLOS

Coordinación
GERARDO AYLLON

© *Texto*
MARITZA BETANCOURT

© *Fotografías*
EDUARDO DOBESON

Coordinación y Corrección de texto
JAVIER FERNÁNDEZ

Impreso en España

Fotocomposición
GRUPO FOTOCOMPOSICIÓN

Impresión
VÍA GRÁFICA

Encuadernación
LARMOR

ISBN para España
84-95088-88-6

ISBN para EE.UU.
0-9-410-10-4

Depósito Legal
M-20480-99

Página 4/5. Zócalos en Manzanillo. Típicos de las Casas Coloniales.

LOS PUEBLOS MÁS BELLOS DE CUBA

Texto: Maritza Bethancourt
Fotografías: Eduardo Dobeson
Vicente Soleto

Prólogo
10

Introducción
16

Baracoa
22

El Cobre
32

Manzanillo
46

Gibara
56

Puerto Padre
68

Morón
76

Remedios
88

TRINIDAD
96

CÁRDENAS
110

GUANABACOA
124

REGLA
134

COJIMAR
146

SANTAMARIA DEL ROSARIO
160

GERONA
166

SAN DIEGO DE LOS BAÑOS
178

VIÑALES
184

Prólogo

Pérgola en Manzanillo.

Siempre pensé en escribir, tal vez me llené la cabeza de historias, y mientras iba viviendo, me las iba imaginando como de mi propiedad para cubrir cualquier instante de esos que nos parece que nunca van a terminar. Entonces una se llena de fantasías previsibles y echa a volar la imaginación, mientras acomete tareas tan diarias y enmarcadas en esos límites tropelosos de doce horas que ayudan a que la vida pase sin más.

Creí que sólo podía jugar con una fantasía sin contexto, en que un grupo de personajes viviera su propia presencia y se llenarán de vida con cada pedacito de mi imaginación, pero nunca cuajaron los deseos, los pensamientos y los sentimientos, porque tramas incompletas pierden su valor si no pertenecen a un mundo posible —al menos para mí—.

Nueva Gerona. Escena típica bajo el porche.

Todo comienza y acaba, bien o mal; la continuidad eterna no existe.

Así me encontré contigo, dándole vueltas a la noria de la creación, apareciste como si alguien hubiera sabido que te andaba buscando para completar una escapada que desde hacía mucho tiempo me pertenecía.

Tú llegaste y me enseñaste de qué tamaño es el amor que existe en cada pedacito de tierra, de cielo, de río, de mar; en cada rayo de luz de aurora o crepuscular; en todos los espacios de silencio que hay que hacer cuando la naturaleza es casi perfecta y no caben palabras para describirla; en los ojos de cualquier criatura terrícola, en ese horizonte infinito que nunca está allí, que siempre es más.

¿Tuve que volar a otra tierra para saber que existías, para verte y conocerte mejor? Tal vez la justificación sea esa cuando el círculo que nos rodea parece que se nos va cerrando y la realidad, en un marcado agobio, nos hace rechazar nuestra propia forma de existir; pero... estabas aquí, estabas en mí, y siendo casi imperceptible me diste la savia de tu vitalidad para que yo pudiera crear una historia, que a la vez, contada por otros y matizada con otros estilos, llegara a dar la imagen que ahora acaricio.

Lo cierto es que al viajar a España por segunda vez (septiembre-octubre de 1996), y conocer más de sus bellas regiones, tan diferentes geográficamente cada una, de su historia, tan vinculada a la nuestra (a pesar de arcabuces, arcos y flechas). De su gente de fuego, con pasión de bailaores y cantaores unos, y con viveza y altivez otros, encontré a propósito de una amiga conocida por referencia que TÚ, MI PAÍS, me dabas la policromía infatigable que hace a los dedos correr detrás de las teclas. Era lo justo y era, además, el elixir para echar a andar a lo largo de toda mi isla.

Amparada por la editorial Agualarga, de Madrid, revisé todo

Entrada refugio Santiago.

Cárdenas. Estudio de fotógrafo.

Coche Morón.

cuanto pude y estuvo a mi alcance y viajé lo necesario para llenar unas páginas, que si bien no serán perfectas, al menos están hechas con la seriedad y el amor que requieren cada una de las imágenes, que con letras, estoy pintando.

Trato, que no puedo hacer más, de transcribir en breve las características más sobresalientes de algunos pueblos de Cuba, considerando sus rasgos comunes y particulares y lo que de herencia le dejaron todos aquellos, que en cualquier época (desde el siglo XVI hasta el presente), sintieron la necesidad de emigrar a esta isla grande; buscando en sus colores, su salitre y su calor, alguna identidad que les iba haciendo falta.

Casi al final del siglo XX, las historias siguen siendo necesarias para todos los que estamos en ésta, o al otro lado de la orilla del "Océano Tenebroso", porque la vida es un aliento por dar o recibir en cada minuto que pasa y porque estando en otra tierra, encontré que TÚ, MI PAÍS, me dabas la esencia indiscutible para mi propia historia, la que ya varias veces había tratado de crear sin tu protagonismo.

Quiero aprovechar esta oportunidad ideal para agradecer a varias pesonas que estando cerca o no de mí, han sido de vital importancia para que llevara adelante este pequeño comienzo.

Le agradezco infinitamente a Sully Fuentes, aquella periodista uruguaya, que ya conocía por referencias desde mi primer viaje a Madrid, porque fue la entusiasta promotora y guía de este proyecto. A mis compañeras, Guillermina Mercado, María Aurora García, Bella Álvarez, María Victoria Chávez, que más que compañeras son amigas que necesitaba para el impulso que me daban porque "todo te va a salir bien", a mi única hermana Miriam, que asumió cierta responsabilidad en este empeño, a mis padres, que les debo más que las gracias por todo, a mi amiga Ana Isabel Matos y a Libia Matos, mi profesora de Lingüística ¡tan baracoesa!, a pesar de su estancia en Francia; a mi amiga Michel y sus hijas Siceley y Keitel, porque reconforta

Viñales. Cake de "15".

su presencia material y espiritual, y de momento, por último (que sólo está de último porque está en casa) a Leonel mi esposo, por brindarme apoyo, confianza e invertir parte de su tiempo, tan preciado, en crearme algunas condiciones, espirituales y materiales, que nunca se cansaron de faltar. ¡Qué hubiera sido de nosotros —mi pequeño libro y yo— sin la ayuda de todos ustedes! y muchos que quiero me disculpen, no los he olvidado, gracias.

Quiero hacer una salvedad necesaria y no es más que ofrecerle disculpas a la historia de mi país, porque no guardo en ésta algunas identidades propias de cada época pasada o presente, porque... esta no es más que parte de nuestra identificación cultural, de nuestra imagen, tal vez visual, tal vez sentimental, que enseña poco de la rebeldía pero gasta los claros-oscuros con que se pueden tocar las fechas, las características topográficas, las costumbres, los símbolos, los estilos arquitectónicos, los olores y sabores de algunos pueblos, los pasados inmaculados de varios, los presentes zalameros de otros. Esta es la mía, mi historia sencilla que me donó esta Isla, a cuarenta años de coexistir con ella, y a casi cuatro meses de estar completamente viva.

Maritza Betancourt Bernal

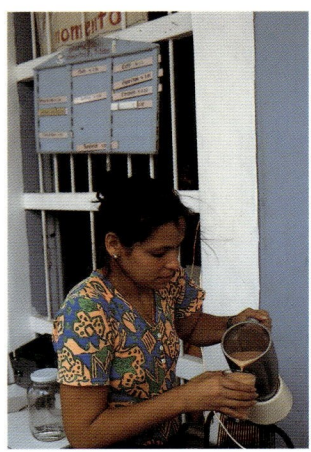

Viñales. Vendedora de batidos.

Mosaico de azulejos, en el Museo Municipal de Manzanillo, representando la salida del Puerto de Palos.

Introducción

Destilería de Ron y Fábrica de Dulces.
Arechabala, en Cárdenas.

Amaneció un día cualquiera de la vida y se hizo tornasol violáceo. Se enfrentaron las aguas y la luz, y un constante bamboleo de espumas rebeldes quiso averiguar el misterio de la costa cálida del Caribe.

Un rayo de sol jugó con el tiempo en que le tocaba acariciar el día y se comenzó a diseminar penetrando en las superficies rocosas; el brillo de la arena, las uvas caletas, las palmas chicas y todos los tipos del frondoso palmar cubano. Llegó a la maleza, el pantano, las montañas, los valles, los plantíos de caña, los cocoteros, y el dorado de los cítricos; las calles, las carreteras, casas, edificios, e hizo más. Corrió, corrió y corrió en todas las direcciones al mismo tiempo, siempre más y más y más, llegan-

Soportales en la plaza de Manzanillo.

do minuto a minuto e iluminando la sonrisa y la piel de los habitantes.

El viento hacía su juego apropiado aglutinando las aguas de los saltos, enrolando el mar, los ríos, las hojas de los árboles, que provocaban el murmullo necesario para el éxtasis.

Buscándolo todo, el astro contempló desde su cenit la tierra y sonrió. Daba igual el día del año; incluso, siendo el meridiano su contrincante más severo, lo desafió. Quedóse allí observando fascinado una isla grande y de ella... sus más bellos pueblos.

Ejerzamos nosotros también como testigos mudos de este hermoso recorrido por la isla caribeña; dejemos que el astro rey nos ilumine todos estos singulares pueblos y así poder deleitarnos con los detalles de estos incomparables escenarios. Gracias a esta ilustrada ocasión, tenemos la oportunidad de llegar a ser turistas virtuales de estas tierras cubanas.

Aquellos parajes paradisíacos se convirtieron hace mucho tiempo en destacado marco de una sociedad que, con el paso de los años, cumplió la misión de ser crisol de razas, lo que dotó a sus habitantes con una característica multiracial presente todavía hoy en su gente. Desde que el almirante Colón reclamara la posesión de aquellas localidades, y se iniciara el «devastador» proceso colonial, hasta nuestros días, han pasado ya más de quinientos años..., desde entonces Cuba no ha dejado de ser rincón paradigmático dentro de la historia hispanoamericana.

Ya nos acercamos al final de un siglo que ha marcado un hito dentro de la continua evolución de la humanidad; en este viaje hacia los tiempos venideros llevamos como equipaje nuestras ilusiones y esperanzas, nuestros objetivos e inquietudes, pero no debemos olvidar el componente histórico de nuestra personalidad (aquel que olvida su pasado estará condenado a revivirlo). Así pues intentaremos emplear los distintos recursos que sabemos manejar para que este aspecto tradicional de nuestra historia nunca nos llegue a resultar una cuestión olvidada. Este sabor

Estatua de la Musa Terpsícore en la Plaza Mayor de Trinidad.

antiguo de cosas habituales en nuestra costumbre, lo podemos apreciar en el conjunto artístico que nos muestra la arquitectura de cualquier pueblo. No obstante, para poder apreciar estos detalles, debemos saber que nuestra obligación es mantener y conservar estas estructuras que han resistido al paso del tiempo, para que, dentro de la herencia que dejemos a futuras generaciones, se encuentren como preciosos legados estas características históricas que definen a cualquier sociedad.

Vamos pues a iniciar nuestro pequeño viaje, y nos dejaremos llevar por este recorrido que nos trasladará a algunos de los pueblos más bellos de Cuba…

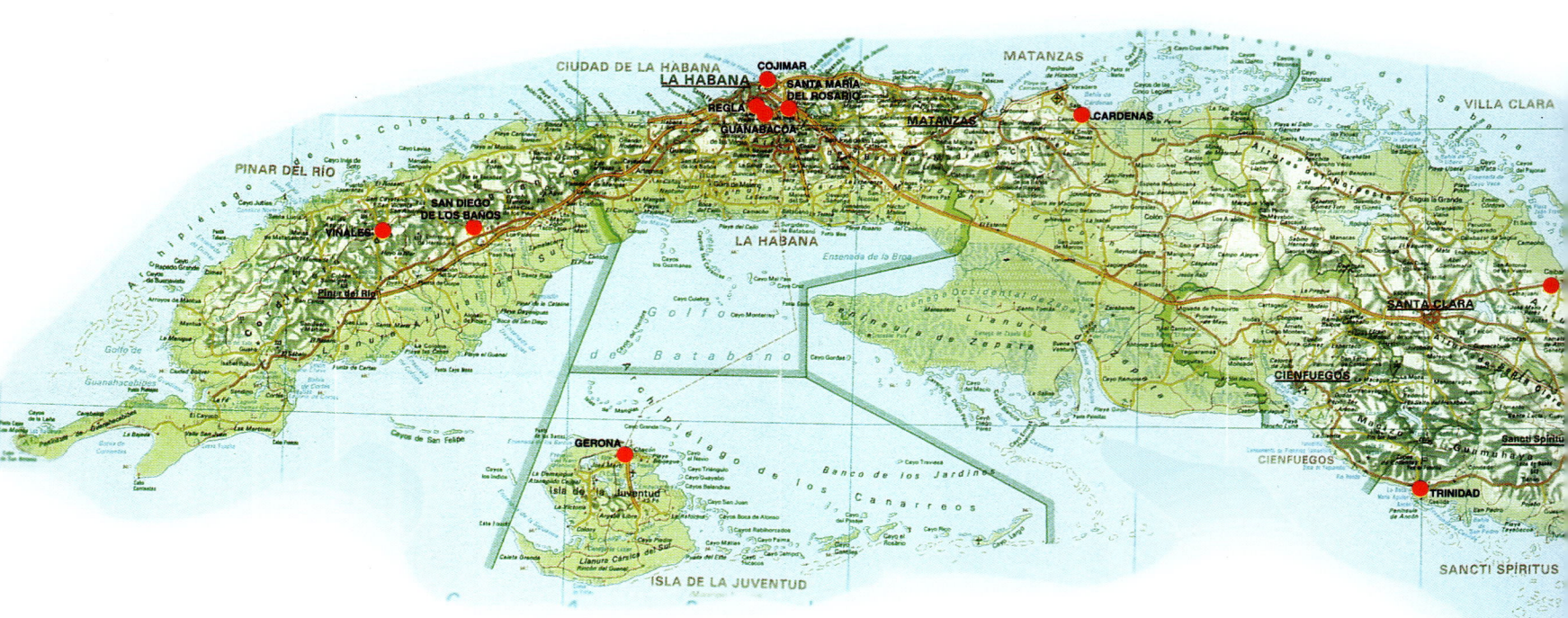

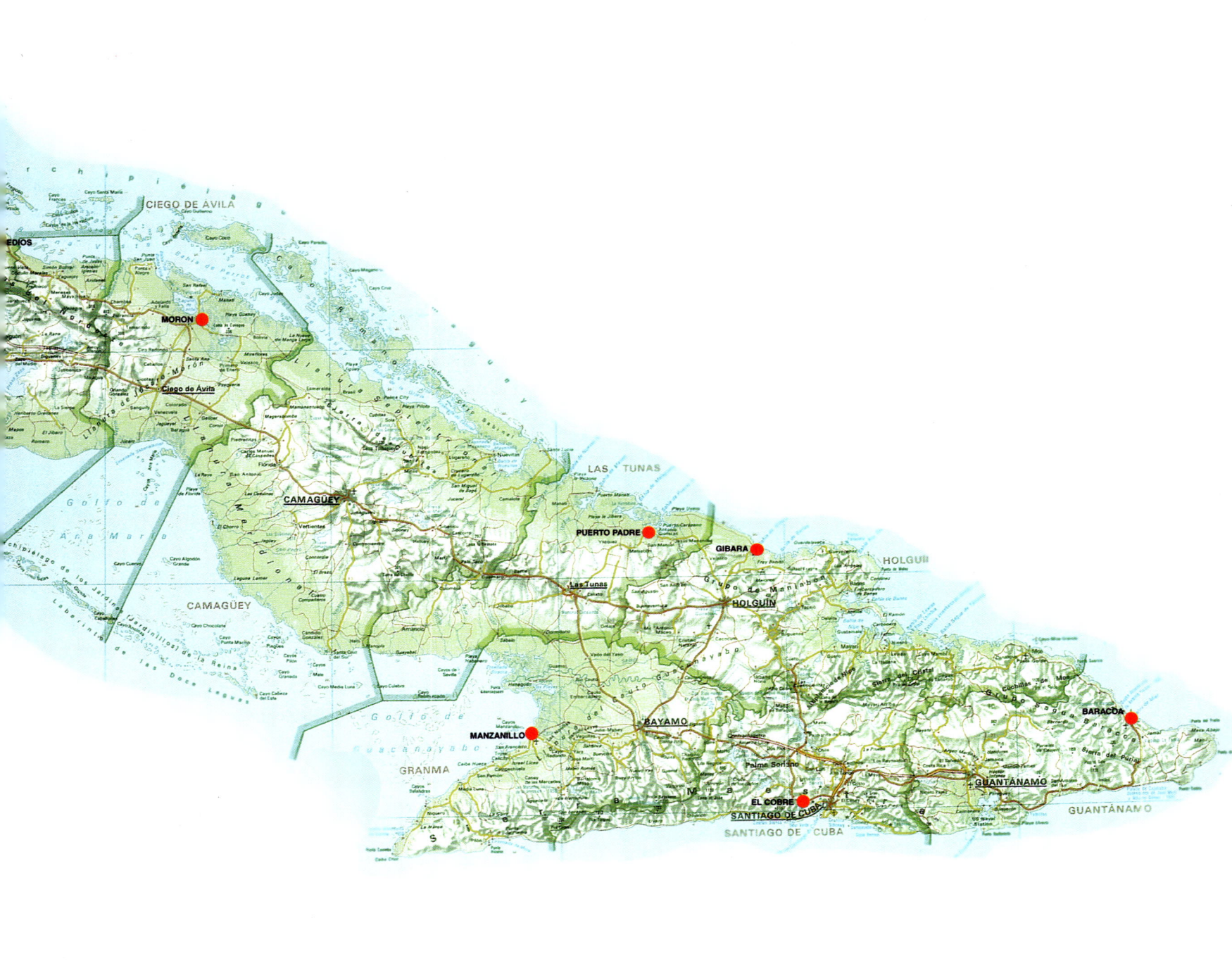

Baracoa

... *Y* halló que no era sino una grande bahía
y al cabo de ella de la parte sudeste un cabo en el cual hay
una montana que parecía isla

Diario del Almirante
Cristóbal Colón

Se puede llegar por varios lugares, pero el viaducto La Farola irradia majestuosidad como obra de la ingeniería civil entre aquel paraje de montañas que encontramos desafiantes en el ascenso. Son los últimos cuarenta kilómetros por tierra que parten por su centro, el macizo Sagua Baracoa, el más abrupto e intrincado de Cuba y se va adaptando a la topografía del terreno y buscando apoyo en la ladera para sus placas voladizas y los once puentes que cuelgan de la montaña sostenida por columnas. En el descenso. a la izquierda, puro monte y cielo en un irremediable contraste de verde brillante y azul celeste propenso al

Busto del Indio Hatuey en Baracoa, que es un legado de los masones cubanos.

Casa colonial típica en Baracoa.

relax. Es imposible dudar que esta región del extremo oriental de la isla reporte el mayor endemismo de la fauna y la flora del archipiélago cubano y que esté considerada reserva mundial de la Biosfera y Patrimonio de la Humanidad.

Siguiendo hacia el este apreciamos la proyección del sol, modosito en la mañana y luego, sin pensarlo... Baracoa

Nuestra Señora de la Asunción de Baracoa, fundada por el adelantado Diego Velázquez supuestamente a finales del año 1510 o principios de 1511, es la primera de las villas fundadas donde se establece el gobierno superior de la isla y cuyo nombre en la lengua de los primitivos pobladores quiere decir "tierra alta" y también "existencia de mar": cualquiera de los dos puede ser válido por el regalo de mar y montaña que nos da esta tierra, única de las villas que conserva su nombre y lugar de asentamiento.

Parte de la antigua provincia de oriente es, desde 1976 municipio de la provincia de Guantánamo, limita al norte con el océano Atlántico, al sur con Imías y San Antonio del Sur, al oeste con la provincia de Holguín y Yateras y al sudeste con Maisí.

Por razones de condiciones del puerto, a partir de 1515 deja de ser capital y por espacio de dos siglos se convierte en punto importante de acciones de corsarios y piratas que la incendiaron varias veces: la última vez, el primero de febrero de 1652. Su puerto se vio abandonado y sus bahías de bolsa fueron el perfecto refugio de corsarios y piratas.

Pasada esta etapa, se construyeron los fuertes, La punta, ubicado en el Centro Histórico urbano, que comprende las calles Martí, Maceo y desde el mismo fuerte, hasta la calle Limbano Sánchez. Desde esta portentosa construcción pueden observarse las atractivas formas de "La Bella Durmiente", montaña casi

No podemos olvidar el pasado precolombino de Baracoa, que nos muestra desde su propia denominación indígena la evidencia de la relación existente entre la toponimia y su contorno geográfico. En el léxico indígena Baracoa significa «tierra alta» o también «existencia de mar».

Iglesia Parroquial de Baracoa.

esculpida, que en su superficie muestra las curvas de una mujer tendida al sol. A su derecha el —Yunque— monumento de la naturaleza cubana que patentiza lo "Real Maravilloso" de su existencia dominando el paisaje con esa forma caprichosa que hizo a la visión y a la leyenda la posibilidad de encontrar las efigies patrióticas de Martí, Maceo y Gómez.

Por algunas de las estrechas y antiguas calles de Baracoa se llega al corazón de la localidad, una loma rodeada de una espesa vegetación que sostiene otra de las fortificaciones construida en 1739 cuyo nombre era Castillo de Seboruco actualmente remozada y convertida en Hotel Castillo desde el que se contempla la ciudad con sus techos de tejas coloniales.

Otra fortaleza es Matachín, perfectamente conservada y actual Museo Municipal de la ciudad, Se encuentra en el barrio Matachín, guardián de miles de leyendas.

Además de esas tres fortalezas se encuentran los Torreones del cementerio, los del barrio Joa y de Caguase y que fueron construidos en el año 1868 para controlar la entrada y salida hacia, y desde el campo. También está la casa de los oficiales de Matachín, construida en el siglo XVIII y restaurada actualmente. la Iglesia Parroquial primera que se edificó por orden del Emperador Carlos V quien solicitó a la Corte Romana la... "erección de una catedral en la villa de la Asunción de esta isla de Cuba". Esta iglesia tiene doble atractivo; uno porque a pocos metros de la entrada se yergue frente a ella el busto del indio Hatuey construido por los masones, paradójica semblanza de la primera rebeldía; otra causa es, que en su interior se encuentra la famosa "Cruz de Parra", supuestamente la original que colocó Colón cuando el primero de diciembre de 1492 encontró el puerto que bautizara como "Puerto Santo", del cual dijo que era la cosa más hermosa del mundo.

En su época, los castillos fueron poblados por los soldados españoles y sus familias, y ya los buques tenían una parada obliga-

Vista parcial del cauce del río Miel, situado al este de la población.

La huella dejada por los colonos españoles resulta clara, pues su efecto queda patente en las diversas muestras de arquitectura colonial que se pueden admirar en Baracoa. No debemos olvidar que la presencia española se extendió a lo largo de cuatro siglos.

No sólo podemos apreciar el efecto hispánico en la historia cubana; los franceses también colaboraron en el desarrollo histórico de estas tierras caribeñas. La isla de Cuba siempre fue crisol de las más distintas culturas, lo que le dio cierta riqueza étnica a su población.

toria en la Villa para seguir hacia la Habana guiados por un buque de prácticos. Para el siglo XVIII más de cien familias francesas procedentes de Haití llegaron a Baracoa y trajeron consigo nuevas técnicas para el cultivo del café, introducen el añil, el Jengibre y lo último de la moda; la química, la Literatura, costumbres, comidas y adelantos en el plano científico-técnico. Se intercambiaba, entonces, con raspadura —forma de comerciar el azúcar— cera de abejas, tabaco de Sagua de Tánamo y otros productos. Se cultivó luego frutos menores como guineo (platanito) y también coco, fruto del que se convierte esta ciudad en su principal productora. Las fábricas de chocolate y aceite de coco, aunque reabiertas en este siglo, fueron fundadas cuando llegaron las familias francesas.

Sobrevino entonces un auge económico, que se mantiene hasta las dos primeras décadas del siglo XX, lo que conllevó a un remozamiento de la arquitectura colonial por manifestaciones más contemporáneas. Las familias ricas modernizan las casas de puntal alto con arcos de mediopunto; de ventanas de tapa y fondo español, de portones manchegos; con clavos, con zaguán, por otras más acorde con la época. Son eliminados los alquitra-

La aportación francesa a esta sociedad isleña se puede apreciar en los adelantos científicotécnicos a lo largo del siglo XVIII; también introdujeron mejoras en el cultivo del café, lo último en moda, etc..., aspectos importantes en la evolución económica de la región.

Edificio neoclásico en Baracoa.

El auge económico que experimentó la zona a partir del siglo XVIII duró hasta las dos primeras décadas del siglo XX; esta propicia situación ayudó a que en este periodo, el conjunto arquitectónico se modernizase con manifestaciones más contemporáneas.

bes, los pisos, los adoquines, pero mantiene los techos de tejas españolas y francesas de los corredores. Casas con esas características las encontramos en el Centro Histórico Urbano.

Por decirlo de alguna manera, entramos en el mundo privado de la ciudad primada de Cuba, a través de sus montañas y sus primeras construcciones emblemáticas que quedaron para guardar antaños recuerdos de los primeros pobladores y gobiernos, pero Baracoa es mucho más. Probablemente en todo el país no existan las características físicas, que conserva con tamaña distinción el baracoeso. Y es que aquí, los aborígenes no desaparecieron completamente, algunos lograron refugiarse en el lomerío y sobrevivir y luego se integraron al mestizaje para que al final no existieran comunidades indígenas. Entonces, el baracoeso (gentilicio que prefiere el nativo a diferencia del academicista baracoense) por esas razones propias mantiene costumbres y cualidades que le distinguen del conjunto nacional. Hablan en voz baja y su presencia se siente más bien tímida. Compañero y amigo, así como el guajiro, es un pueblo que todavía mantiene la presencia del conuco. En ellos se siembra desde la yuca para el casabe hasta la bija. Con toda seguridad se puede hablar aquí de una cultura autóctona. Por eso, cuando se habla de la gente de Baracoa se precisa una cultura dotada de particularidades de sus tiempos de ciudad primada. Válida sería la herencia que dejaría el Almirante, porque con la Cruz de Parra que dejara clavada en el puerto, probablemente consiguió a través de estos siglos la existencia de los "Altares de Cruz" de hoy en día; fiestas profano-religiosas de alguna semejanza con el guateque y de origen polémico, en la cual se mezcla elementos del cristianismo, lo africano y tal vez elementos de la antigua cultura taína. Pero lo determinante es la práctica del espiritismo de un indiscutible origen francés, sin dejar de considerar al hablar de sincretismo o que desde los inicios, Nuestra Señora de la Asunción es la Santa que corona esta ciudad y guía a los habitantes.

La presencia indígena nunca desapareció, pues con el paso de los años se fue diluyendo entre la sociedad; pero aunque las dos culturas quedaron imbricadas, los nativos siempre intentaron mantener una cultura autóctona. Debemos recordar que a pesar de lo diezmada que quedó la población indígena a la llegada de los colonos, siempre hubo representantes de esta noble raza.

Casa típica en la calle principal de Baracoa.

La flora de este territorio se desarrolla condicionada por su clima lluvioso de montaña. Podemos disfrutar de parajes con vegetación pluvial, en los que se sitúa uno de los últimos reductos del carpintero real (especie en vías de extinción); también tiene aquí su hábitat el almiquí, también en serio peligro de extinción.

En Baracoa, aunque hubo ingenios azucareros y tabaco, no tuvo lugar el auge de la industria azucarera, después de la llegada de las familias francesas su agricultura se orientó hacia el cultivo de café, el cacao y el coco y en algún momento el plátano (de ahí las fábricas de chocolate y aceite de coco). En cuanto a lo tradicional culinario el baracoeso utiliza mucho en sus platillos típicos de la región sus frutos más preciados para sus deleites y las ofertas que hace a los visitantes. Ofertará el famoso cucurucho de coco, el bacán (tamal de plátano) y el inconfundible peter de chocolate o la cocoa para la humeante taza de chocolate en las noches de frío y humedad producto de las constantes lluvias en las montañas. A causa de su clima lluvioso de montaña, el bosque pluvial alterna con el chascarral, aparecen algunas cocotrinas y el ocuje colorado. En su seno encontramos el último reducto del carpintero real amenazado de extinción y del almiquí, fósil viviente igualmente en peligro. La variedad que poseen estos bosques en vertebrados es muy rica y constituye el hábitat exclusivo de la polimita, pequeño caracol de gran belleza y colorido único en el mundo.

De visita en la región más oriental de Cuba además del Castillo se encuentra el Hotel Porto Santo ubicado a la vera de una playa recoleta, casi íntima, y el Hotel la Rusa; los centros de recreación

La gastronomía de Baracoa sabe utilizar y combinar los productos que se pueden conseguir en sus tierras, y así poder deleitar a cualquier visitante deseoso de buenas sensaciones culinarias. Se puede degustar el coco, el bacán (tamal de plátano) o el incomparable chocolate.

El conjunto geográfico «baracoeso» agrada al turista, que puede contemplar los encantos naturales de esta localidad ubicada en la provincia de Guantánamo. Además de ser un gran centro turístico, Baracoa es también Monumento Nacional.

y descanso "La finca del guajiro" y la "Villa Maguana" junto a la playa de ese mismo nombre, este último para el turismo especializado y de alto nivel. Hay que considerar que Baracoa es el principal polo turístico de la provincia de Guantánamo y además Monumento Nacional.

La salida de Baracoa es imposible hacerla sin volver a apreciar sus encantos naturales. Al este, el río Miel y enseguida el camino que bordea el mar. Otra vez playas vírgenes, como Barigua de arenas grises. Viene después el "Paso de los Alemanes" (cueva de tipo graviclásica) y más allá, a 31 Km de la ciudad, Yumurí aldea de pescadores con un entorno impresionante donde las familias pasean en "cayuca" (su embarcación típica) los niños se bañan y se hacen "picnics" en un ambiente de alegría y salud. Dejamos al baracoeso viviendo su vida con calma, con un ritmo diferente a la del resto del país, sin estrés ni contaminación ambiental, diciéndole a cada nuevo huésped "a buen tiempo", que quiere decir que es bien recibido, mientras nos retiramos sintiendo las cimientos de la tierra rugir por las fuerzas del agua mineral y las raíces de los árboles que se extienden con gratitud dentro de esta mujer sensible y multicolor que muestra al sol, sus primeros pecados matinales.

Fortaleza junto al puesto de Baracoa, un ejemplo de la arquitectura militar del periodo colonial.

El Cobre

...Y si vas al Cobre quiero que me traigas una virgencita de la Caridad

Un sitio como este despierta el hambre de conocimiento de uno mismo. No hay cansancio, agrada el calor, porque se convierte en placer visual de armonioso gris azul que se apoya con la luz en lontananza. Acá, el Santuario y la Hospedería, enfrente, aquellas lomas que veneran ellas mismas a la virgencita milagrosa.

En el extremo este de Santiago de Cuba, se descubre, plácido de sus virtudes, El Cobre, con una extensión territorial de 169,5 kilómetros cuadrados. Limita al norte con los municipios de San Luis y Palma Soriano; al sur con Guamá y el distrito José Martí; al este con el Consejo Popular de Boniato y al oeste con Palma y Guamá. Abarca los barrios de: El Castillito, Ermitaño,

Vista desde el interior del Santuario del Cobre.

Santuario de la Virgen de la Caridad.

Imagen del Sagrado Corazón, junto al Santuario.

*S*u nombre nos recuerda claramente su pasado bajo la dominación española y su orientación productiva. Los españoles intentaron siempre obtener beneficios de su estancia transatlántica, aunque en realidad no consiguieron enriquecer a una nación que acabó inmersa en un clamoroso desastre colonial.

El Pajón, El Maniel, Hongolosonso, Botija, La Caoba y la Retreta en los que se asienta una población de quince mil seiscientos habitantes.

Por el año 1530 aproximadamente, fue al platero Luis de Espinosa a quien se le concedió la Gracia Real de extraer el cobre de la tierra; riqueza de sus entrañas que comienza a darle vida propia a la localidad.

En realidad, la historia del Cobre se comienza a contar desde la primera mitad del siglo XVI en la llamada entonces Loma de Cardenillo, un cerro con grandes criaderos de cobre, muy cerca de la villa de Santiago de Cuba.

También se dice que el Capitán español Francisco Sánchez de Moya en 1599 había recibido

Centro de Acogida en el Santuario.

Cristaleras en el Santuario que nos muestran a Santa Teresa de Ávila y a San Francisco de Asís.

Vista general de la entrada al Santuario de la Virgen del Cobre.

Capilla del Santísimo Cristo.

La favorable situación geológica catalizó el desarrollo minero de esta región, por la que han pasado los más diversos representantes de varias culturas a lo largo de su pasado reciente. A finales del siglo XVI fue cuando se inició el auge de la industria minera en esta zona.

del rey de España la orden de organizar, en el lugar, una fundición de cobre y edificar una iglesia. El lugar quedó fundado oficialmente con el nombre de Santiago del Prado y Real de Minas de Cobre.

Las primeras personas que poblaron la comunidad fueron criollos y españoles, quienes se desempeñaron como operarios, y los negros e indios que laboraban como peones. A finales del siglo XVI muchos santiagueros se enrolan en la empresa extractora huyendo de terremotos y ataques de piratas.

Exvotos y ofrendas a la Virgen de la Caridad.

Entrada a la población de El Cobre.

Otra afirmación es que en el año 1558, el Ayuntamiento de Santiago de Cuba le había otorgado el derecho de explotación de las minas al alemán Juan Tetzel, y nace a orillas del río Sersénico la comunidad minera integrada por criollos y españoles.

Las minas de cobre de la localidad, motivo más que suficiente para el desarrollo primario de la población, fueron cambiando de mano en mano, desde españoles a ingleses, de ingleses a americanos, etc.

Desde entonces y hasta el presente siglo, El Cobre posee en su formación un contacto sociocultural muy fuerte, a causa de las emigraciones y establecimiento de población procedente de Jamaica (después de la conquista inglesa de 1655), varias oleadas de franco-haitianos, fruto de la Revolución de Haití. Llegada de grupos de varias regiones españolas; entre los que se disputan (catalanes y canarios) la primacía cuantitativa de los aportes. Entrada de contingentes de culíes chinos desde la segunda mitad del siglo XIX, como mano de obra de las labores de minería. La presencia inglesa con capataces técnicos, directivos y otros especialistas (desde 1830 hasta 1868) en labores relacionadas con la minería.

A principios de este siglo, los ingleses y norteamericanos modernizan los equipos y la producción se acelera. Por esta época de bonanza, los descendientes de franceses, emigrados de Haití, fomentan las plantaciones de café y cacao en las estribaciones montañosas y la población creció considerablemente; en esa mezcla racial, buscando su propia autenticidad, aunque nunca dejó de ser el mineral, el motivo fundamental y económico de la población.

Mientras sucedía en la localidad minera, la extracción y desarrollo del fino mineral, el poblado iba adquiriendo una característica mítica que ha llevado consigo desde la primera mitad del siglo XVII y se personifica, con tamaña propiedad, en la Virgen del Cobre, cuya historia-leyenda colmó la atmósfera montañosa del terruño oriental.

Cuando el capitán español Francisco Sánchez de Moya fue autorizado para explotar las minas, probablemente llevó consigo una imagen de bulto de la Virgen de la Caridad de Illescas —localidad española de la provincia de Toledo— pues según estudios, en 1608 estaba en el

Un capítulo importante en la evolución de este pueblo cubano es el que tiene como protagonista a la Virgen de la Caridad, cuya presencia siempre fue motivo de ferviente devoción. El santuario de esta Virgen de la Caridad es motivo de orgullo para los cobrenses.

Plaza Mayor de El Cobre.

real sitio de Minas esa imagen, cuyo parecido, y no sólo en el nombre (Caridad del Cobre y Caridad de Illescas) sino en su tamaño y estructura, es tan sorprendente que no podría dudarse de una coincidencia, pero lo cierto es que el propio Santuario conserva las pruebas de la mítica leyenda de la virgencita.

El primer santuario erigido a la virgen de las aguas, se destruyó a causa de las excavaciones de 1906 y esto fue un motivo suficiente para que se hiciera una rápida colecta pública en toda la isla con vistas a la construcción de una parroquia en el cerro de la Maboa. Los cubanos no permitieron quedarse sin el lugar apropiado para adorar a la prodigiosa "cubanita" de color cobrizo a la que Carlos Manuel de Céspedes, el "Padre de la Patria", y sus hombres habían venerado, y su imagen había acompañado a muchos hombres del ejército libertador, prendida del pecho.

Vista global del valle, donde se pueden ver las minas del Cobre.

La Virgen más venerada de Cuba, la Virgen de la Caridad, la Ochún del panteón Yorubá, Virgen del amor como indica su nombre para los católicos y diosa de las aguas y la fecundidad, de la sexualidad y del oro, tiene su santuario construido por los "Caballeros de Colón" como personal principal y quienes le donaron también las banderas cubana y de la iglesia en 1944.

El día 10 de mayo de 1916 fue declarada Patrona de Cuba esta virgen a la que los hombres de las gestas heroicas habían implorado por la causa. No podrían Céspedes y su esposa llevar un símbolo contrario a los ideales nacionales por los cuales el levantó a un pueblo entero en armas. A partir de allí; es difícil encontrar un cubano, que no le brinde su devoción y amor.

El día 8 de septiembre de 1927 se inaugura el nuevo santuario dándosele por nombre Santuario Nacional de la Virgen del Cobre Este acontecimiento fue recogido por un cronista con estas elogiosas palabras: "El nuevo Santuario no pasa inadvertido ante el visitante que se deslumbra ante la hermosura de las vidrieras policromadas, los grandes ventanales y puertas de maderas preciosas, los pisos relucientes y las altas columnas que sostienen el

El santuario dedicado a la Virgen de la Caridad fue mandado construir por los «Caballeros de Colón»; estas personas también donaron las banderas de Cuba y de la iglesia en 1944. El mito que genera todas las historias sobre esta virgen siempre estuvo muy presente para los habitantes de esta zona.

espacioso recinto, con su Altar Mayor de mármoles rosados, grises y negros...".

Al año siguiente serían terminadas las torres, en una de ellas fue situado el campanario que antes estuvo en el vistoso frontispicio. En la parte superior del Altar Mayor, sobre una base giratoria se encuentra la imagen de la Virgen de la Caridad del Cobre.

La Iglesia de la Ciudad del Cobre fue ordenada Basílica Menor por el Vaticano.

No solamente de Cuba, sino del Caribe, es esta virgen del cobre ... muchos vienen desde lejos, desde muy lejos. Con su visita algunos pagan promesas y otros lo hacen inspirados por la devoción e incluso por la curiosidad. Lo cierto es que impacta allí, entre tantas y tantas flores con su aroma siempre fresco, aquella imagen dorada que a todos les habla del consuelo de la vida y del amor al prójimo y a la misma realidad circundante. Lo más importante no es la misa matutina, lo más importante es la imagen pequeña que desde su altura, agradece sus ofrendas. En la Capilla de los Milagros que antecede al camerín se depositan las ofrendas, todo un tesoro de cumplidos a la preciosa virgencita donde no faltan, desde las fotos personales de los más desesperados o agradecidos, hasta objetos de absoluto y preciado valor. Mineral y Virgen, cobre y montañas, cumbres grises, cielo azul, monte dispuesto a la arrogancia, lleva esta comunidad el orgullo de haber procesado la autenticidad nacional con gran arrojo desde los albores de la presencia y permanencia de tantas culturas que llevaron la carga fuerte de la extracción del mineral. Fue en el Cobre (como siempre se le ha solido llamar) donde se produjo una página originalísima en el conglomerado histórico de rebeldías y protestas de la población esclava (la mayor sublevación que se conoció). Aquí, estas rebeldías tuvieron la característica de ser desde cimarronas hasta la protesta armada y la gestión diplomática. Su final fue absolutamente inusual. Por Real Cédula de 7 de abril de 1800 dictada en Aranjuez se concedió el derecho

La Virgen de la Caridad, que es la más venerada de Cuba, fue declarada patrona de la isla cubana el 10 de mayo de 1916; por ello es difícil encontrar un cubano que no le brinde su devoción y amor.

Esta región no fue diferente al resto de la tierra americana bajo el yugo español y se implicó en las corrientes revolucionarias del siglo XIX, que desembocaron en la «libertad» de los pueblos hispanoamericanos. La revolución de los insurgentes cubanos acabó casi con el fin de siglo, en el año 1898, famoso también por otras varias razones.

a tierra y libertad de estos esclavos, ochenta años antes de que se decretara la abolición de la esclavitud en Cuba.

Al final —a este final— la región del Cobre, con su peculiar composición minera y cafetalera, mantiene desde sus orígenes un predominio de la población de color según censos.

Te recibe el cobrense afable, risueño y te pregunta casi sin llegar, si has visto "su precioso santuario"; te brinda una hospitalidad que no se desprecia, más que eso, se anida en el corazón.

Subes y bajas por el puente Nadal (que divide en dos al pueblo) hacia arriba o hacia abajo, encuentras la orientación y guía de los nativos que esperan entusiasmados para agradar en aquel poblado que circunvala la montaña más excepcional del país.

Buscando a la Virgen del Cobre o no, escucharás la explosión en el proceso de extracción del mineral; altas cumbres completarán el ambiente paradisíaco y mítico que llenará de paz cualquier naturaleza humana.

En el año 1628, en el municipio de la Villa del Cobre llamada entonces Real de las Minas de Cobre, situado en la provincia de Santiago, salieron dos hombres, dos hermanos llamados Rodrigo y Juan Hoyos (indios naturales) y un negrito de nueve o diez años de edad llamado Juan Moreno. Iban en busca de sal a la bahía de Nipe. Llegados allí se alojaron en un paraje llamado Cayo Francés y también Vigía. Por estar el mar muy alterado, se detuvieron dos días sin emprender el viaje. Al amanecer del tercer día, tranquilo ya el mar, tomaron su barca muy de madrugada cuando apenas aparecía ya la aurora. Poco se habían alejado de la tierra cuando a cierta distancia divisaron un objeto que flotaba sobre las olas y parecía ser una gaviota. Enderezaron la proa hacia ella llevados por la curiosidad.

Pronto notaron que el bulto o ave les venía al encuentro y su curiosidad se transformó en asombro cuando vieron claramente que era una imagen de la Santísima Virgen. Arrimaron a ella la canoa y con gran amor y alegría la tomaron en sus manos y la

Las historias sobre los milagros de esta Virgen siempre provocaron que la devoción de los habitantes del Cobre, ya de por sí grande, aumentara con el paso del tiempo. Una de las historias más conocidas ocurrió en el año 1628 en el municipio de Real de las Minas de Cobre.

En esta población se experimentó un fenómeno, que a la larga sería un gran ejemplo para el resto de la humanidad: desde el día 7 de abril de 1800, la esclavitud quedó abolida por orden del propio Rey español, adelantándose así ochenta años al movimiento general que haría desaparecer la esclavitud de la isla cubana.

Calle principal de la Villa del Cobre.

La historia ocurrida en el año 1628 tuvo como protagonista a dos hermanos llamados Rodrigo y Juan Hoyos (indios naturales) y a un negrito llamado Juan Moreno. Fueron estos tres personajes los que en su viaje para buscar sal a la bahía de Nipe, encontraron la imagen de la Santísima Virgen flotando en el mar.

introdujeron en su barca. Su reverencia y asombro subieron de punto al notar que ni se sumergiera con el propio peso ni siquiera el vestido estuviera mojado. Tenía la imagen una tercia y tres dedos de alto, rostro algo moreno, ojos dulces y majestuosos; traía en la mano izquierda un bonito niño, y en la derecha una cruz de oro.

Servía de nave a la venerada imagen una tablita donde en letras grandes y claras se leía: "Yo soy la Virgen de la Caridad".

Gozosos de tal tesoro continuaron los tres su viaje a la salina recogieron presurosos tres tercios de sal que guardaron en yaguas y tornaron a su hato de Varajagua presuponiendo la santa alegría que todos sus vecinos habían de experimentar con tan buena compañía. En Varajagua se levantó una Ermita donde colocaron la imagen con una lámpara encendida día y noche. De sacristán y guarda de la imagen quedó un hombre de buena vida y piedad, y sucedió que una, y dos y tres veces, al ir Diego (que

Las peregrinaciones que se producían en estas tierras se vieron interrumpidas con motivo de la guerra sostenida entre España y Gran Bretaña (la Guerra de los Diez Años). También durante la guerra de la Independencia se suprimieron las peregrinaciones.

así se llamaba el sacristán) a atizar la lámpara vio que faltaba la sagrada imagen. Sospecharon él y demás vecinos, si acaso de los que habían encontrado y traído, la habían ocultado, pues tenían dicho que era suya.

Recorrieron de noche todos los lugares donde pudiera haber sido escondida, fijaronse con particular empeño en el sospechoso, le observaron y examinaron con sutil astucia y viendo que en parte alguna le hallaban, que el supuesto ocultador daba no menos señales de sincera sospecha y sentimiento por la desaparición, y más que nada, que cerradas las puertas de la Ermita volvía la Sra. a dejarse ver por la mañana en su propio sitio. Acabaron por reconocer que el suceso era un nuevo prodigio de la Virgen. Se determinó trasladar la prodigiosa imagen a la iglesia parroquial del Cobre, lo cual se verificó con extraordinaria y solemnísima procesión que recorrió las quince leguas que distan entre sí estos dos poblados; se colocó en el Altar Mayor de dicha parroquia.

Tres años permaneció la venerada imagen en esta parroquia, al cabo de los cuáles se llevó a una Ermita propia sobre un claro. Ermita pobre y modesta que con el tiempo fue ampliándose, reedificándose y enriqueciéndose. Se multiplicaron en ella los prodigios y milagros en favor de los fieles cubanos y de todos los que acudían a pedirle les alcanzaran gracias de Nuestro Señor. Se aumento mucho la devoción a Nuestra Señora y se verificaban piadosas peregrinaciones de los más apartados rincones de la Isla de Cuba.

Durante las dos guerras, la de los Diez Años y la de Independencia por el estado y circunstancia del campo y los caminos, se suprimieron esas peregrinaciones, pero en el tiempo que transcurrió entre una y otra guerra y después de la segunda y siendo Cuba una República independiente se han repetido esas peregrinaciones con gran júbilo de todos los cubanos. La Santa Sede declaró a Nuestra Señora de la Caridad del Cobre, Patrona Principal de la República de Cuba, el 10 de mayo de 1916.

Altar Mayor, donde se aprecia la imagen de la Virgen de la Caridad.

Manzanillo

"Guacanayabo mi son es para ti".

El golfo de Guacanayabo, situado en la zona sudoeste de la región oriental, es incansable, bañando las costas del que fue en el inicio de su fundación Puerto Real; costas que pertenecieron a asentamientos tan antiguos, que ya tenían su historia a la llegada de los europeos.

La abundancia de uvas caletas muy similares a la manzanilla (una aceituna española), fue el motivo para que más tarde, el puerto que pasara a ser el más importante del comercio de rescate de la región, se apropiara del nombre de Manzanillo.

Es precisamente la primera obra de la Literatura cubana: "Espejo de Paciencia", escrita por Silvestre de Balboa, la que recoge en versos un hecho histórico relevante... en 1604 el obispo Juan de las Cabezas Altamirano, de recorrido por la diócesis, fue

Avenida de la populosa ciudad de Manzanillo.

Asamblea del Poder Popular (Ayuntamiento).

El pueblo de Manzanillo, que debe su nombre de una curiosa analogía entre frutos, fue siempre crisol de culturas y punto de encuentro del comercio con los países europeos.

Casa principal, actual Museo Municipal de Manzanillo.

apresado en la parroquia de Yara y llevado cautivo a Manzanillo por el pirata Gilberto Girón, quien exigió a los bayameses un considerable rescate por el obispo.

Historias como estas, menos y más nombradas pasaron a ser, entre otros motivos históricos, los testigos más fieles de esta época, tan importante por cuanto se hacía indispensable para las regiones del interior de la isla que no tenían relaciones mercantiles directas con España. Manzanillo, por tanto, fue un puerto donde se estacionaban las naves de países europeos, recibían cuero seco, carnes saladas, añil y otros productos, a cambio de esclavos, telas y diversos artículos de las industrias de Francia y los Países Bajos.

Fueron el tiempo y los sucesos históricos acaecidos los que determinaron que en 1784 se comenzara el proceso de fundación de Manzanillo perteneciendo a la jurisdicción bayamesa hasta 1839, año en que asumió su propio ayuntamiento. Su edificio se conserva desde 1847, y en la actualidad pertenece a la provincia Granma.

Ya desde que se ejercía el libre comercio de negros, autorizado en 1789, se comenzó a pensar en una batería de defensa que vio la luz junto al pozo llamado "los soldados",

Iglesia parroquial de Manzanillo frente a la Plaza. Parroquia de la Purísima Concepción.

La economía de Manzanillo no sólo se basó en las relaciones comerciales de su zona portuaria, sino que también se desarrollaron numerosos ingenios, así como se aprovechaba la existencia de caoba y se potenciaba la recolección de frutos naturales.

justo en una punta que se insinuaba sobre el mar. Su importancia fue vital para el posterior desarrollo que sucedería en el siglo XIX. En 1795 ya se había erigido una población que se ubicó en calles bien trazadas que bajaban de las lomas para encontrarse con el golfo de Guacanayabo y recibir toda la brisa marina que por siempre acompañaría la región.

El puerto se había clasificado, por Real Orden de 23 de marzo de 1794, con la categoría de MENOR para el comercio sólo con los españoles y ya, con todos estos pormenores resueltos en 1812 comenzaron los trabajos de mensura y venta del realengo.

La distribución de las tierras que había sido, entre los hacendados bayameses, los comerciantes y el gobierno, hizo que proliferaran las vegas, haciendas de crianza y labor. Se intensificó la existencia de numerosos ingenios y abundantes bosques maderables que poseían caoba y cedros, así como la extracción de frutos naturales. El desarrollo fue acelerado a partir de la segunda década del siglo XIX.

Comenzó en la población de Manzanillo el desarrollo del conglomerado arquitectónico con características diferentes según fueran los rangos sociales y aún se conservan algunos ejemplos de estas muestras. Casas hechas de calicanto, cubiertas de tejas, de pisos bajos, unas entabladas, otras de ladrillo y loza… Aún se observan conservados aleros de tejas españolas y francesas, grandes portones de madera con aldabas metálicas al centro de arcos ojivales que reciben la luz solar y la diseminan como un prisma mágico de un solo color. Altiva su Plaza Mayor acompañada de la vieja iglesia, constituye hoy en el país uno de los paseos más hermosos e importantes además de únicos. Está construida desde 1831. Doce años después, en 1843 se levantó la iglesia con campanario invicto al paso de los años. Está a un costado y se le

Embarcaciones pesqueras en la Bahía de Manzanillo.

Glorieta morisca inspirada en la Alhambra de Granada.

Como es natural en esta tierra caribeña, se puede comprobar su mezcla histórica: podemos ver atributos a su glorioso pasado revolucionario junto a recuerdos de la época colonial. A pesar de llegar a ser una dominación bastante opresora, los españoles dejaron también alguna huella positiva durante sus cuatro siglos de estancia.

denominó Parroquia de la Purísima Concepción (Santo Patrón). Actualmente, es un templo de tres naves de estilo ecléctico con una sola torre y conserva su altar original. Las calles que enmarcan esta preciosa plaza son las más importantes del centro histórico urbano: Bartolomé Masó, Martí, Maceo y Merchá. Las estatuas de los próceres de la patria que encontramos aquí, señalan cada uno, con su mirada, la calle que lleva su nombre.

Plaza Mayor de la localidad, también llamada «Parque Céspedes».

Pero la Plaza Mayor, dejó de llamarse como tal y desde la primera mitad de este siglo es el "Parque Céspedes", único para los cubanos y foráneos. En 1924, le fue construida al parque una glorieta morisca en el mismo centro, que está inspirada en uno de los pórticos del Patio de los Leones de la Alhambra en Granada. Parte de Andalucía intentaría dejar en esa porción encantadora de la isla, el estelar artificio de encajes que hace a cualquier observador detenerse y valorar el encanto de tamaña construcción. A principios de siglo, el parque y su glorieta eran testigo de los paseos de las damas y caballeros que acudían con abanico y trajes de colores claros a mitigar el calor del ardoroso verano de esta región y a consolidar anticipadas citas románticas que entre verjas, bancos y retreta se hacían ostensibles para los ojos de la sociedad. Hoy, el parque sigue siendo diáfano y concurrido, pero el tiempo varió aquellas costumbres que trataban de vivir detrás del telón.

Otra de las construcciones preciosas que acompaña el conjunto arquitectónico manzanillero es la que fue en su tiempo el Casino español, actual Casa de la Cultura, se inauguró el 21 de enero de 1936 y posee en perfecto estado mosaicos bellos que narran la

Un gajo de la preciosa Andalucía se ve dulcemente imitado en la glorieta de estilo morisco en el centro del Parque Céspedes: esta glorieta está inspirada en el Patio de los Leones de la Alhambra.

salida de Cristobal Colón del puerto de Palos de Moguer, así como su llegada a tierras de América.

El municipio como tal, limita al norte con Yara, al este con Yara y Bartolomé Masó; al sur con Bartolomé Masó y Campechuela, y al oeste con Campechuela y el mar.

Manzanillo contrasta; resalta en su conjunto arquitectónico urbano lo tradicional con lo moderno. Importante, la Plaza comercial con su ineludible presencia asturiana y la majestuosidad del Ingenioso Hidalgo Don Quijote de la Mancha, presto a desfacer entuertos contra los molinos de viento. Además desde 1980 se encuentra pletórico y armonioso el monumento a Celia Sánchez Manduley, tan manzanillera como su propia sonrisa dispuesta para bien. Deviene en símbolo de cubanía esta mujer que representa la autenticidad de los valores humanos y patrios, la sencillez de un corazón que luchó por su Cuba y amó profundamente a esta y a su historia de héroes. El monumento posee 128 escalones de ambientación natural y en la cima, una esfinge de Celia adornada con bajorelieves y flores.

Siempre se puede aprovechar el momento y homenajear a los ilustres protagonistas de nuestra historia, como es el caso del monumento ofrecido al recuerdo de Celia Sánchez. Siempre será un bonito gesto acordarse de nuestros ínclitos e insignes personajes históricos.

Murales de azulejos en el Museo de Manzanillo.

Salida del Puerto de Palos.

Emblema de construcción pudiera ser esta ciudad con olor a mar y hombres que suben desde las olas cargados de anzuelos y redes. Con el salitre de su trabajo en el rostro y las muñecas fuertes como el acero, pasan y admiran el parque Bartolomé Masó construido en honor al insigne patriota que fuera jefe de los grupos de mambises de Bayamo y Manzanillo. En su centro se yergue una estatua de 3 metros de alto en honor al patriota. Aparecen también los parques, Paquito Rosales, con un gran obelisco a su memoria y Vallespín, el cual conserva en su centro un árbol de Manzanillo.

Complemento de la armoniosa arquitectura manzanillera lo es con toda seguridad, el cementerio, que también posee un valor histórico incalculable, pues guarda en su apacible recinto restos de personalidades, que en diferentes épocas, representaron en cualquier esfera preciadas muestras de patriotismo y cultura, entre ellos Bartolomé Masó, Francisco Javier de Céspedes, el poeta Manuel Navarro Luna, el notable trovador Carlos Puebla Dentro de los valores que hablan de la autenticidad de un pueblo es absolutamente notable una característica que por su connotación tiene una mención especial; el espiritismo de cordón orilé, manifestación que se forma precisamente como resultante "del complejo parto de la nacionalidad cubana". Coincide que la práctica del mismo aparece en 1878, justo al finalizar la Guerra de los Diez Años, dentro del más apacible enlace del antiguo amo, guerrero ahora, con el anterior esclavo, experimentado en alivios menos terrenales.

Cuántos nombres reconocidos engrosan las filas de los practicantes desde nuestros mambises hasta personalidades representativas del arte nacional, por eso es imposible dejar de destacar que la casa-culto fundada en 1878, y que perteneciera desde sus inicios a su fundadora, la Sra. Anita Barreto Fajardo; aunque se ha trasladado de lugar se encuentra ahora en el Barrio de Oro, donde funcionó hasta 1970, fecha en que falleciera la

Esta zona del oriente de la isla cubana contiene una serie de características que le dan a sus paisajes un aspecto de paraíso terrenal, delicia de cualquier turista que sepa contemplar estos encantos.

Una costumbre del pueblo cubano podría ser la práctica del espiritismo; un ejemplo de este hábito lo podemos ver en Manzanillo. La mezcla de la cultura católica con la cultura de cultos africanos resultó ser una forma curiosa de interpretar la realidad.

fundadora, con más de una centuria y mente completamente lúcida.

Meritoria para la ciudad de Manzanillo es el haber introducido desde la segunda mitad del siglo pasado, el órgano musical, que se propagó por toda la Isla pero fue acontecimiento de la ciudad que supo considerar la novedad del instrumento y su técnica musical. De diestras manos y habilidosas "musas" surgió el Son manzanillero, tan único, tan excepcional...

Pletóricos de energía exterior, de fascinación contemplativa por el conjunto que recorre diferentes épocas, el desarrollo de la música desde su órgano, su Son, su coro, su Museo Municipal y las treinta y cuatro instituciones culturales de la ciudad, se percibe el intenso sol. En el sur, se impone el grupo orográfico más fuerte de la provincia: La Sierra Maestra, la que se divisa desde la carretera Yura-Manzanillo, y hacia el este, aguas de azul intenso reciben impetuosas los caudales de los ríos Buey y Yara. La playa el Ranchón, puede aplacar la fatiga para continuar el paradisíaco recorrido del área más oriental del país.

Una de las contribuciones del pueblo de Manzanillo fue la introducción del órgano musical en la isla de Cuba. Este hecho ocurrió en la segunda mitad del siglo pasado, que después de asentarse en Manzanillo se propagó por toda la isla.

Vista general con Pérgola al fondo del Parque.

Gibara

$\mathcal{V}$irtuosa, Villa Blanca de la Costa Norte del Oriente cubano: arquitectura, paisaje, urbanidad...

Inmaculada de luz, con prestancia infinita, arrogante, sobria y nacarada, se encuentra Gibara bañada de mar. Serpenteada de ríos y observada por sus preciosas montañas muy bien representadas por el monte más expuesto a la evidencia, "La Silla de Gibara", orgullosa altura que sirve de punto de reconocimiento a los navegantes y se encuentra acompañada por los cerros del Páramo colorado y Yabacoa.

El panorama cambiante de colinas y llanuras que se observa en su entrada desde Holguín viene dado por la sinuosidad del terreno; arcilloso, pero fértil; pantanoso pero marino, quebrado y bañado por los ríos Cocoyoguin, Gibara y Yabazón y los arroyos Blaco y Arroyón, entre otros.

Edificio de estilo neoclásico en la calle Independencia.

Entrada de casa neoclásica con zócalo de azulejo.

Embriaga el aroma del mar y de las adelfas que acompañan las cercanías del litoral tremebundo de policromía en aquella pequeña ciudad.

En el puerto resguardado en la parte norte de la Isla surgió un caserío cuyos habitantes (indios) serían junto con los de Baracoa, la población más adelantada del país. Se asentaron en Punta de Yarey. Muy cerca de allí, en Bariay, haría su entrada en 1492 el Gran Almirante Cristóbal Colón.

Tuvo lugar este caserío a propósito de la construcción de una Batería de defensa denominada Fernando VII, edificada con el objetivo de proteger el puerto de los ataques de corsarios y piratas que marcaban la región con desafiantes contrabandos. La fundación de Gibara data del año 1817.

Derivado su nombre de la palabra aborigen Jibá, encontramos la población en la costa septentrional de la provincia, en la rivera occidental del puerto al que le da nombre, al sur de la loma llamada La Vigía. Y el Municipio, en general, está al norte de la provincia de Holguín, limita al norte con el Océano Atlántico, al este con Rafael Freyre, al sur con el municipio Holguín y al oeste con el municipio Calixto García y la provincia Las Tunas.

Cuando los ataques del corso y la piratería cesaron, el puerto de Gibara fue declarado de tercera clase por Real Orden en 1882. Comienza en la población un florecimiento socio-cultural por el flujo de navíos que cargaban las riquezas de la región. Se hizo notable el contacto con el exterior, y tomó fuerza una burguesía local que va a enfrentarse a los nuevos modelos norteamericanos y europeos de los más exquisitos gustos que impactaban, era la 'Belle Epoque'.

El refinamiento local hizo gala en la arquitectura para que Gibara fuera la reina de las más hermosas edificaciones, Centros Sociales y ampulosas residencias señoriales con estilo neoclásico, que se conservan en la actualidad, porque la fuerte muralla que se construyó para evitar los daños que pudieran causar las tropas mambisas (en

Puerta de edificio neoclásico.

Edificio neoclásico en la calle Independencia.

Este incomparable marco, donde se mezclan paisajes montañosos con el litoral caribeño, fue testigo de la llegada del «primer» europeo a tierras americanas. En Baray, en el año 1492, hizo un desembarco el Almirante Cristóbal Colón.

Catedral del Teatro Colonial, convertido en restaurante.

El pueblo gibareño siempre supo guardar las riquezas arquitectónicas que dejaron los españoles en su estancia isleña; estas riquezas le dan a la localidad un sabor inconfudible a pasado colonial.

las guerras de independencia), constituyó un potente Fuerte. No sería para menos, haber rodeado por tierra un poblado de 628 kms cuadrados con un muro de mampostería de dos metros de altura y casi dos kilómetros de longitud, que hizo que la preciosa ciudad no sufriera afectación en su riqueza y en su desarrollo.

El tema de la arquitectura gibarena, no se queda solamente en la ensoñación de casas suntuosas con fachadas neoclásicas, interiores de arquitectura española con artesonado de madera y techos de tejas rojas, ni siquiera en el hecho de tener como prueba de ese desafuero edificante el conservar la primera casa construida en 1791 y que fuera reedificada años después por el vicecónsul de Portugal. Casa primorosa que posee mosaicos de cerámica blanca pintada. Ya más allá y entronca con la primera iglesia parroquial, con una amplitud inusitada, también con el estilo neoclásico inconfundible de toda la ciudad.

Entrada principal del Teatro Colonial.

Detalle del Teatro Colonial.

Desembocadura del río Gibara, antiguo canal de comunicación con la ciudad Holguín.

Plaza de Gibara, con el puerto al fondo.

Embarcaciones pesqueras en la bahía de Gibara, viendo al fondo la silla de Gibara.

Estatua de la libertad en el paque Calixto García.

Acompaña a este conjunto arquitectónico, orgullo de los gibareños, el teatro colonial por cuyo escenario desfilaron numerosas figuras prestigiosas de la cultura cubana, como Brindis de Salas, Ignacio Cervantes, Díaz Albertini, entre otros. Su volumetría exterior es sobria y conserva bien hermosos sus interiores de maderas caladas.

Se conservan igualmente, la Línea Defensiva de Holguín a Gibara, Residencias y Sociedades, Torres y ruinas de los antiguos ingenios, como el Ingenio de Santa Clara, que son las únicas que se consideran en buen estado en el territorio holguinero. Sitios históricos, arquitectónicos y de interés científico.

Entrada lateral al teatro neoclásico.

Físicamente, Gibara presenta una compacta trama urbana, que se adapta sutilmente a la sinuosa topografía ascendente. Las construcciones se aprietan entre sí en hileras homogéneas separadas por calles estrechas.

En el centro histórico urbano lo encierran las calles J.Mora, Francisco Vicente Aguilera y el litoral, formado por las avenidas Rabí y Banda de la Marina, antiguos limites de la muralla. Bordeando la costa, se llega a punta de Yarey, donde está la Plaza del Fuerte. Aquí, la vieja Batería de Fernando VII, corona la zona y las casas aportaladas y las instalaciones de verano junto a la playa hacen pensar en que el rescate de algo perdido debe ser inmediato.

Encontramos también aquí, la Quinta Da Silva, con espacios rematados con zócalos

Como es natural en su situación, el urbanismo de esta ciudad se tuvo que ir adaptando a su abrupta geografía. Esta condición de orografía complicada no dio otra opción a los constructores de la zona.

Iglesia Parroquial de Gibara.

de azulejos y una casona de madera con ornamentación exquisita en paredes y techos, que les dio vida el pincel, paneles con cestos de flores azulejeadas y ventanas al mar.

Partiendo por la calle Independencia, antaño Real, o de La Fortaleza, que es el eje vital de la ciudad, a poca distancia, el parque Calixto García en cuyo centro encontramos una estatua de la Libertad hecha de mármol de carrara, en honor de los mambises, la que se yergue allí desde el año 1995. En una intima placita se encuentra la Casa de la Cultura, una excelente casa decimonónica de clásico frontón y columnata.

Es imposible dejar de considerar un sitio maravilloso como lo es el Museo de Ambiente Cubano, segundo de importancia en el país. En él se conservan los mayores y más bellos vitrales de mediopunto del oriente del país. Posee colecciones de artículos de arte decorativo, muchas piezas de Art Noveau, espectaculares lucetas de mediopunto y magníficas colecciones de muebles. En

La arquitectura colonial también estuvo muy encaminada a la funcionalidad militar, como lo demuestran las fortificaciones de Gibara.

Pórticos frente al Parque Calixto García.

Entrada a la Quinta da Silva.

Establecimiento turístico junto a la playa.

Entrada a la Batería Fernando VII.

este museo es como si la nostalgia de lo que fue renaciera como visión perpetua en cada salón.

En este precioso lugar se encuentra enmarcada la huella del precioso "Potosí" que fue esta región cuando el esplendor del pequeño grano dorado y dulzón fomentó el comercio y a consecuencia de este, el desarrollo local.

Es tan portentosa Gibara, que ha sido nombrada España Chiquita, porque su conjunto histórico arquitectónico urbanístico es muestra peninsular y mantiene la herencia condicionada por los españoles en su prolongada estancia

Agrada contemplar desde la altura del muro, la intimidad de los patios rodeados de rejas bien labradas, envueltos en la agradable sombra que provocan las enredaderas y la especial armonía de tenues colores que dejan pasar los vitrales al atardecer.

Andando hacia la Plaza del Fuerte, después de dejar la zona costera, se podrá recibir el beneficio de la sombra de los portalones, sin descontar el del Liceo, amplio e íntimo, mucho de majestuosidad y arrogancia perdura en cualquier elemento físico pero extemporáneo. Su beneficio de principios de siglo, dejó huellas de identidad elegante y a la vez ficticia, que hoy, quedó nostálgicamente atrapada entre el mar y las montañas.

Entrada de la primera casa (1791) edificada en Gibara.

Monumento a la Madre en el Parque Calixto García.

Puerto Padre

"*A Puerto Padre me voy*".

Asomada a las formaciones coralinas del norte y siempre pendiente del balanceo que proporciona el cambio de marea del Océano Atlántico, hallamos la bahía de Puerto Padre, localización geográfica que le da nombre a la ciudad tunera de la región oriental. Uno de los más atractivos sitios de las provincias orientales.

Se encuentra ubicada en el extremo norte de la provincia de Las Tunas y su límite geográfico en ese punto es el Océano Atlántico. Al oeste aparece Manatí, al este Jesús Menéndez y al sur Las Tunas y Majibacoa.

En los inicios Puerto Padre estaba ocupada por el cacicato de Maniabón y su población era subtaína.

Al fundarse la villa de Bayamo todo el territorio de Las Tunas

Monumento junto al Malecón de Puerto Padre.

Fachadas porticadas de Casas Coloniales.

Tradicional vendedor de refrescos junto a Casa Neoclásica en Puerto Padre.

Plaza e Iglesia de Puerto Padre.

Torre y entrada principal de la Iglesia Parroquial de Puerto Padre.

*C*osa rara en el pasado cubano es la historia de esta localidad costera, que a pesar de poseer un puerto no fue inquietada por la continua presencia de corsarios y piratas.

había quedado comprendido en la demarcación señalada al Cabildo bayamés y durante los primeros siglos de colonización (XVII, XVIII y parte del XIX) el territorio de Las Tunas estuvo bastante sólo, porque sus habitantes, los dueños de haciendas y hatos eran absentistas y preferían estar en el territorio de Bayamo. También era que sus propiedades no poseían tanta prosperidad. Por esta razón a esta zona no la dañaron mucho los corsarios y piratas.

A mediados del siglo XIX (década del 50) se incorpora Las Tunas a la demarcación de Holguín y aunque no fue del gusto de los tuneros, irrumpió en estos momentos el desarrollo de la industria azucarera, pues se fomentó el ingenio San Manuel a siete kilómetros de distancia de Puerto Padre y el embarque de su producción salía de la bahía del Puerto Padre, que hasta entonces no contaba con ningún vecino y se llamaba el embarcadero de Maniabón. En realidad, la localidad comenzó a poblarse en 1869, fue saqueada en 1876 y su castillo tomado por asalto en 1877 en puro intento de tomar la ciudad para liberarla, en el contexto de la Guerra de los Diez Años.

Jóvenes Pescadores en el malecón de Puerto Padre.

Vista del Parque.

A pesar de que la historia de la población se remonta siglos atrás, no fue hasta el año 1898 cuando se constituyó el pueblo de Puerto Padre en Ayuntamiento.

Terminada la Guerra contra España y consumada la ocupación de la Isla por el ejército norteamericano, se creó el Distrito Militar de Holguín, donde se incluyó Las Tunas pero, el 26 de Noviembre de 1898 por decreto del precónsul norteamericano del Distrito fue suprimido el municipio de Las Tunas y creado el de Puerto Padre. Es esta la fecha que se da como la creación de Puerto Padre en el Ayuntamiento.

Pocos años después, el modesto ingenio San Manuel se convertía en la más moderna y grande de las fábricas de azúcar que existía en el mundo en aquellos momentos, el central Delicias, hoy Antonio Guiteras.

La ciudad de Puerto Padre se percibe desde la punta de una colina donde se encuentra el Fuerte de la Loma, construido para contrarrestar la fuerza mambisa. Hoy Monumento Nacional.

Desde allí, el mar es un inmenso espacio azul que espera y recoge el agua de la lluvia, que en pendiente desciende por la ladera, dejando tras de sí calles anchas, bien limpias, entre ellas, la Avenida de la Libertad que nace en la loma y va a morir en el malecón.

De pronto, parece que no llovió y se borra la imagen brumosa de Puerto Carúpano y una brisa soleada y salina consigue alejar el calor.

Avenida principal de Puerto Padre.

Monumento al Quijote llamado «Don Quijote de los Molinos».

Aunque la presencia del puerto es vital para el desarrollo económico de Puerto Padre, también debemos resaltar la productiva industria azucarera. Estas características son rasgos comunes en casi toda la economía cubana.

Habría que bajar para atrapar en una mirada tantas bellezas: playas hermosas; La Boca, La Yanita y Caneya.

El parque con su estructura de "El Quijote" en una esquina con su costillar afuera, la piel magullada y unos testículos enormes simbolizan el carácter indómito del cubano, tal como lo eligió. Está desde el 16 de febrero de 1989 y se llama en Puerto Padre "Don Quijote de los Molinos".

Una rueda aspeada es también símbolo de Puerto Padre; representa la remota época, en que, a través de los molinos se abastecía de agua el poblado. Motivo por el cual, se le conoce también como Villa Azul de los Molinos.

Monumento a los Delfines.

Tres instituciones competentes por lo que representan son: el Museo Polivalente Fernando García Grave de Peralta, la Galería de Arte José Martín Ochoa y la casa de la Cultura Enrique Peña. Es uno de los pocos municipios del interior del país que posee filial de la UNEAC (Unión de Escritores y Artistas de Cuba), pues desde mediados de siglo existieron revistas y peñas que estimularon la creación.

La labor de los escritores puertopadreños se consagra bajo el principio de la fraternidad y en este esmerado ambiente conservan la cultura y sus tradiciones culturales. Una muestra de grandes hijos de la cultura puertopadreña, lo son los hermanos Vitier, valores inestimables de las artes cubanas.

Vista de edificio en Puerto Padre.

"A Puerto Padre me voy" es el gracioso estribillo de una de las canciones que ha dedicado a este pueblo Emiliano Salvador. Con ella llegamos a esta ciudad donde el límite azul, no conoce su nombre.

Morón

*...Anda que te vas quedando
como el gallo de Morón
sin plumas y cacareando
en la mejor ocasión.*

Cercano a la región central del país de Oriente hacia Occidente se hace casi obligado conocer otro de los pueblos más antiguos de la Isla: Morón.

¿Tendrá Morón el origen de su nombre por haberse fundado su poblado sobre un montículo de tierra imperceptible a simple vista o porque fue un hato mercedado a Don Ramón Morón en 1525?

Tal vez entre estas dos razones, haya como escoger la última, pero lo cierto es que en lo que más coinciden los historiadores de épocas anteriores y actuales es en que el hato fue mercedado

Monumento al Gallo de Morón, símbolo de la ciudad.

Embarcadero en la laguna de La Leche.

Solemne edificio neoclásico en Morón.

a Don Luis de Almeida el 24 de mayo de 1543. Tiene su lógica según la historia de Cuba.

Esta tierra embarcadero que formó parte hasta hace unos años de la provincia de Camagüey, primeramente fue un núcleo poblacional, antaño asentamiento de indios agricultores-ceramistas de origen arauco, perteneció de inicio a la Villa de Sancti Spíritus. Su primer asentamiento tiene lugar entre 1708 y 1750, en un lugar denominado Ermita Vieja. Hasta 1870 perteneció a Sancti Spíritus, a partir de allí y hasta agosto de 1870 a San Juan de los Remedios y en noviembre de ese año, el gobernador Arsenio Martínez Campos unió a Morón con Camagüey. Se le concedió el título de Villa en 1869 y el de Ciudad en 1931. Desde 1975 pertenece a la provincia Ciego de Ávila.

Vamos andando por un pueblo de calles más bien estrechas, cuya extensión territorial es de 585,52 km cuadrados sin descontar la cayería norte de la provincia Ciego de Ávila; sus límites son, al norte, con el Canal Viejo de Bahamas o Bahía de los Perros, al este con el municipio de Bolivia, al sur, con el municipio Ciro Redondo y Primero de Enero y al oeste con el municipio de Chambas.

Nuestro viaje puede haber sido por carretera desde Chambas, pero si vinieras por ferrocarril, Morón tiene su acceso desde Santa Clara y desde Ciego de Ávila al oeste y al sur respectivamente y desde nuevitas por el este.

La población de Morón, joven en su mayoría según las cifras sociodemográficas más recientes, y oriunda en su composición por ciudadanos procedentes de Asturias, Galicia, Castilla la

La mezcla racial que los españoles promovieron en Cuba tiene un claro ejemplo en Morón: en esta localidad se juntaron españoles de diversas procedencias peninsulares con esclavos antillanos, sin olvidar a la población indígena.

Muchachos conversando bajo el pórtico.

Iglesia Parroquial de Morón con su característico campanario.

Vieja, Islas Canarias y posteriormente por esclavos antillanos, es completamente heterogénea y representa la esencia misma de esta gama temperamental y enérgica de sangres mezcladas que andando los años crearon generación tras generación sus propias tradiciones. Las Parrandas Campesinas de La Rosa y La Serrana, celebradas en fechas irregulares tuvieron su inicio a principios de siglo, cobrando su mayor fuerza en las décadas del cincuenta y sesenta.

Estas fiestas, no cuentan con bailes folclóricos campesinos, sólo existen canturías de poetas y tonadistas, acompañados de familiares y amigos. La comida preferida en estos casos, es el cerdo y las aves; en este estado parrandero y de guateque como también suele llamársele, las familias pueden pasarse uno, dos o más días.

Siguiendo la ruta del conocimiento del pueblo, sería agradable si fuera de noche, sentir el sonido lejano de una guitarra para acercarnos y aunque las serenatas no son de carácter masivo, entrar con el permiso del grupo de personas reunidas en una casa de familia, a disfrutar de la música popular, bebidas típicas como el ron, vinos y licores caseros acompañados de pastas y viandas fritas. Noche de fin de semana que no ha de olvidarse porque su

Abundan en esta región cubana las fiestas familiares, donde se reúnen grupos de personas para disfrutar de la música popular, y a la vez poder degustar de las bebidas y platos característicos del lugar.

Estación Ferroviaria de Morón.

Típico coche de alquiler en Morón.

No obstante, en este pueblo cubano la fiesta que desborda los sentimientos de quien la celebra es el Carnaval Acuático. Este carnaval se desarrolla gracias a la proximidad de importantes corrientes de agua como el arroyo el Roble o la laguna de La Leche.

intimidad y colorido denuncia que esta fiesta ha tenido un motivo muy particular y marcado en el grupo.

El moronense varón, típica guayabera cubana y sombrero. La mujer, bata de vuelos y flor en la cabeza como premisas indispensables para su presencia en el baile guajiro del dos al ocho de mayo nos mostrarán cómo se desarrolla su talento danzario en las originales competencias de Son y Danzón en las que una riesgosa alegría de triunfo lucha siempre su propia verdad, ¿quién será el ganador?.

Al principio de estas fiestas, el baile guajiro se efectuaba en la Sociedad de Rodeos "El Liceo", todos los veinte de mayo. Actualmente, su rescate lleva la presencia de los elementos típicos antes mencionados: guayabera, sombrero, vestido y flor, sin que puedan faltar las comidas y bebidas típicas tradicionales.

No es posible dejarlo aquí, cualquier muestra sería apenas la razón para saber que la fiesta popular que más tipifica al pueblo moronense es el Carnaval Acuático. Pueblo de isla, norteño por geografía con perímetro urbano entre los arroyos Cimarrones y El Roble, que vierten sus aguas en la Laguna de la Leche, comunicado por un estrecho natural denominado El Júcaro y en la actualidad por un canal artificial construido desde el embarcadero, desarrolla un carnaval en sus aguas. Comenzó en 1955, desapareció después en 1956 y se rescató en 1983. Desfiles de barcos-carrozas, juegos tradicionales, cantinas de bebidas y comidas, premios, paseos, etc., reúne cada año en las márgenes del Canal del Embarcadero, que une a este con la Laguna de la Leche, a más de veinte mil personas.

Otras opciones de carácter cultural tradicional se anun-

Embarcación tradicional de pesca en la laguna de La Leche, junto al canal del embarcadero.

Aunque los dos pueblos homónimos (el Morón español y el Morón cubano) tienen como animal representativo un gallo, existe una diferencia entre estas aves galliformes, y es que la que pertenece al Morón cubano conserva todo su plumaje.

cian en la danza con elementos rituales de procedencia africana, religión Yorubá, que adora a sus dioses del continente negro: Elegguá, Ochún. Oyá, Obatalá, Yemaya Changó. entre otros, quienes toman su manifestación en el caribe y se sintetizan con los santos del catolicismo, cada uno con sus diferentes interpretaciones. Aquí en Morón, la confección del vestuario es distinta a la del resto del país.

En música, el municipio se caracteriza como una zona rica en cantos infantiles y de cuna, cantos de comparsa, complejo de la rumba, Complejo del Son y Punto Guajiro. Los cantos de trabajo son fuertes si se refieren a los procesos agrícolas, utilizando el punto guajiro como forma de expresión.

Existe también en Morón, tradición oral definida en poesía, décimas jocosas, décimas históricas, cuentos humorísticos e ingeniosos, refranes y adivinanzas. Es una literatura narrativa y poética que se nutre de las expresiones y experiencias populares.

Posee este pueblo, además, la historia riquísima de su gallo emplumado a diferencia de aquel oriundo de Morón de la Frontera en Sevilla, que sin plumas, representaba al pueblo andaluz de esa región. Quiso el pueblo moronense cubano, desde el siglo XVIII hacerse eco de este símbolo por existir aquí un fuerte núcleo poblacional de origen español y trajo con este, la coplilla con que los cantores andaluces perpetuaron el suyo propio.

*Anda que te vas quedando,
como el gallo de Morón
sin plumas y cacareando,
en la mejor ocasión.*

Lo cierto es que desde las primeras generaciones de moronenses. el gallo se convirtió en un símbolo del pueblo, aunque la tradición evolucionó, porque este, fue concebido siempre, como un gallo con plumas.

En Morón también hay otras muestras de tal cultura popular, como la tradición oral de una serie de composiciones que tienen su origen en el populacho. Este tipo de literatura oral tiene su origen en el pueblo, que es el que las transmite y modifica en el transcurso de los años.

Estación Ferroviaria de Morón.

Edificio Colonial en calle empedrada de Morón.

Esta tradición prendió rápidamente en el sentimiento popular y Morón comenzó a conocerse, primero como la tierra del gallo y luego como la ciudad del gallo.

Por motivos políticos el gallo de Morón fue indistintamente sacado (se malinterpretó su presencia en el parque), pero desde el 1° de marzo de 1981 está aquí para orgullo de su pueblo, en el "Parque del Gallo" frente al Hotel Morón anunciando cada doce horas (de seis a seis) que es ineludible como símbolo plumífero de rebeldía y valor.

Otro de los símbolos es su escudo, encierra en síntesis, la sangre de sus patriotas derramada en el cruce de la Trocha de Júcaro a Morón, la loma de Cunagua, las palmas cubanas y la estrella solitaria, guía luminosa de los cubanos.

Con seguridad, otra representación del pueblo es su Santo patrón. Desde siglos atrás, la Virgen de las Candelas (Candelaria) la que el día dos de febrero de 1855 fue sacada como imagen a presentar a su hijo y tras ella una procesión con calor de pueblo recorrió las calles de Morón, detrás de su patrona. Podemos verla en la Iglesia parroquial del pueblo, una Iglesia con estilo neoclásico que está construida desde 1863 y donde se encuentra siempre esperando que todos los días dos de febrero, los fieles concurran a su fiesta.

La historia del gallo de Morón comenzó en un pueblo sevillano llamado Morón de la frontera: el gran núcleo de población española quiso traer aquella tradición, por lo que desde el siglo XVIII la localidad cubana adoptó este símbolo animal tan característico.

Hogar de ancianos de Morón.

Se destaca también en la ciudad, desde el punto de vista arquitectónico, el estilo ecléctico predominante y coronado además por el edificio que circunscribe la terminal de ferrocarril, un potencial arquitectónico con importancia de

Bello y colorista edificio frente a la estación ferroviaria.

*C*omo no podía ser de otra forma, contiene este escenario tan bello un rincón con edificaciones residenciales para los ávidos turistas que buscan reposo en sus temporadas de vacaciones.

segundo grado en el país, que comunica al sur, este y oeste con puntos colindantes del resto del país.

Más hacia el norte, en la cayería que le pertenece aparece Cayo Coco, el polo turístico más importante con edificaciones de estancia veraniega y reposo, dignas del gusto más refinado de la arquitectura moderna con influencias del estilo colonial.

A la salida del pueblo por carretera, no cabe duda que sus suelos son húmicos calcimórficos, abundan el nuanjo, la caña de azúcar y los frutos menores, también árboles de majagua con sus flores rojizas brillantes; teca, cedro, ocuje, guásimas, casuarinas y mangles adornan el campo alrededor de la carretera. Se está poniendo el sol y atrás quedó el recuerdo, además de los bellos trabajos de carpintería de rivera, construcciones de guitarras y tejidos a crochet que matizaron la estancia tan grata de la que solo faltó, lo que el tiempo y nuestros ojos no hayan podido atrapar.

Remedios

*San Juan de los Remedios.
San Juan porque fue trasladado el día 24 de Junio y Remedios
por ser "medio" de las almas poseídas por demonios...*

En una porción de la costa norte, coronada por cayos y canales tranquilos que tenían mucha riqueza en el interior de sus bosques y abundancia de ganado, se encontraba Carahate, a la orilla del canal de Tesico en una planicie de arena alta que forma un islote rodeado de agua y ciénaga.

Probablemente surgió este pueblo cuando ya había un poco de desinterés por la explotación de las minas y se necesitaba desarrollar más el comercio con el exterior (México, La Florida), a través del Canal de Bahamas.

Lo cierto es, que nació aparentemente sin fecha porque la referencia que se tiene del mismo, es por la visita hecha por el Obispo Fray

Casa principal en la Ciudad de los Remedios.

Diego Sarmiento quien informó, en 1554 "que el pueblo se había iniciado con veinte casas, Iglesia y Capellán letrado". Según la información que dio, Remedios es una de las villas gemelas de aquellas primeras siete que se fundaron entre 1511 y 1515, aunque desde sus inicios, la confusión de la organización de la villa como tal fue a causa de que su primer ayuntamiento era Santi Spíritus.

Se llamaba Carahate, que quiere decir en la lengua aborigen "pueblo nuevo", luego se le llamó, Santa Cruz de la Sabana de Porcallo a causa del nombre del dueño del poblado que aunque residía en Santa María del Puerto del Príncipe, era su dueño y lo gobernaba como su feudo. Tal vez motivó el nombre del pueblo a que se tomara la tradición de los Altares de Cruz. Cuando se trasladó de lugar, en la costa norte de la isla, se le dio el nombre de San Juan de los Remedios, San Juan porque fue trasladado el día 24 de junio y Remedios por ser "medio" de limpiar las almas poseídas por demonios, según tradición antigua del cayo.

Entonces hablemos de historia, tradición y leyenda que hoy en día consigue seguir en los cuentos de los viejos abuelos remedianos, como antañas raíces que sustentan la copa del árbol madre del conocimiento. De sus ramas, penden leyendas que corrieron a través del tiempo y hoy son el pueblo mismo.

Sin haber sido villa desde un inicio, este pueblo tiene la peculiaridad de haber conservado como estandarte su primera iglesia desde los tiempos de su fundación. Cuando el dueño del pueblo era Vascos Porcallo, se construyó de piedra con un hospital anexo y cuando fue informada su erección a la Corona reinaba Felipe III, se la denominó entonces la sexta parroquia de Cuba. En los años 1658, 1667 y

Pueblo antiguo con una muy diversa toponimia a lo largo de sus días: se tienen noticias de su existencia desde mediados del siglo XVI, todo ello gracias al Obispo Fray Diego Sarmiento.

Fachada principal de la Iglesia de Remedios.

Entrada lateral y campanario de la Iglesia Parroquial de Remedios.

1668, la arrasaron los piratas franceses. Cuando se reedificó sirvió de base a la bella Iglesia Mayor que es ornamento precioso de la ciudad de Remedios. Una de las obras valiosas de la arquitectura del país imposible de obviar.

Tuvo esta parroquia una torre que se derrumbó en 1763, pero en su lugar se construyó una que fue obra de un arquitecto francés de fino gusto. Se llamaba monsieur Luis Rollan, vecino de Remedios, quien la dejó lista en 1850. Tiene la altura de 30 metros, seis en el exterior y cuatro en el interior. En los cinco cuerpos o divisiones de que consta, se cuentan cuarenta y ocho columnas y doce ventanas como era gusto de la época, con estilos diferentes.

La piadosa Sra. Doña Josefa Escobar y González, miembro de una distinguidísima familia remediana donó el altar de piedra blanca compuesto por tres arcos donde lucen las figuras de San Juan Bautista, San Francisco de Asís y San Antonio de Padua. Se inauguró con solemnidad el día 13 de diciembre de 1924.

Existe otra Iglesia histórica, que es la Ermita del Buen Viaje, data de mediados del siglo XVIII, por iniciativa de los navegantes que tenían por patrona a esa virgen que no le ha faltado leyenda como la de la Caridad del Cobre.

Otra Iglesia cargada de misterio fue la del Santo Cristo. De ella cuentan que un demente enamorado acudió al Sacerdote don Jerónimo de Tordesillas que en plena oración se encontraba, y le pidió que le contara el secreto de confesión de su esposa, al negarse éste lo apuñaló incansablemente hasta dejar tinto en sangre el altar. A partir de esa historia, la parroquia cayó en abandono; sin embargo sus alrededores progresaron considerablemente y fue lo suficiente para que los remedianos quisieran destruirla hasta que lo lograron bajo órdenes del Obispo de la Habana, don Ramón Fernández de Piérola (1880-1886). En su lugar se construyó el parque de la Independencia, actual plaza de la Independencia.

¿Qué sería del viejo pueblo de Remedios sin la casona famosa de El Palomar? "Allí, en la torre —dice un abuelo— hubo un drama

Se pueden ver muestras de la arquitectura colonial aplicada a la construcción de edificios religiosos; esta costumbre de levantar recintos sagrados nunca desapareció, como podemos comprobar en el pasado reciente.

La devoción de los católicos de la región queda registrada por el gran número de Iglesias, que podemos visitar en el pueblo de Remedios.

Casa porticada en Remedios.

Plaza de la Independencia.

pasional y desde ese día las palomas no la abandonan". Dicen otros… "en las paredes se guardan valiosos tesoros escondidos por las ricas familias que la habitaron, y, desde allí, se puede ver a la caída de la tarde, la puerta del infierno.

Tanta leyenda llegada desde antaño se une a la tradición que (a partir del siglo XVII) le pertenece a los remedianos desde que, según cuentan las actas de cabildo, y cita don Fernando Ortíz así como las narraciones populares, el cura párroco, viéndose desobedecido por los remedianos que no querían abandonar la villa para poblar Santa Clara, acudió a las amenazas del diablo e hizo que un notario eclesiástico diera fe de la opinión de Dios requerida al efecto.

Los remedianos no lo pudieron soportar y durante varias generaciones fueron implacables contra ellos mismos, vecinos con vecinos, familiares entre sí. Unos por quedarse, otros por irse y todo esto probablemente contribuyó a Las Parrandas remedianas, que son las fiestas gloriosas de carácter altamente competitivo que todos esperan.

Se celebran en las calles anualmente, con la participación de casi todo el pueblo agrupados en dos bandos cordialmente rivales. Los del barrio San Salvador (sanserices) y los del barrio El Carmen (carmelitas). No son precisamente carnavales y hay que ver el color, porque justamente su sentido de competitividad, de cierta rivalidad consciente provoca el motivo sobrado de que "somos el bando mejor" y a la hora de escoger los trabajos de plaza, realmente sería difícil. Tanto uno como otro bando realizan verdaderas creaciones artísticas hechas por las manos de los más hábiles artesanos. Son trabajos que sintetizan el espíritu de las fiestas con gran diversidad de formas y colores que se complementan con los

Las historias que forman parte del folclor de esta región son numerosas. Cualquier habitante de la localidad seguro que nos puede contar mil anécdotas sobre hechos acaecidos en el pueblo y sus alrededores.

Ermita del Buen Viaje.

Se conserva en este pueblo una original tradición que demuestra una antigua rivalidad, pero que hoy en día ha quedado reducida a una disputa amistosa entre los componentes de los dos bandos enfrentados.

fuegos artificiales, el sonido intermitente de los voladores y la pegajosa música de las polkas.

A decir de un sercerise, las Parrandas comenzaron en 1870 y aunque se iniciaron con su actual carácter por dos comerciantes españoles, tratando de ver en ellas sus celebres romerías, al transcurrir los años se han visto influidas por la presencia de distintas culturas que coinciden en la formación de la nación cubana; los negros aportaron el ritmo a su música y la pequeña colonia china hizo de las suyas con los fuegos artificiales y la estridencia de los voladores.

Los manuscritos —según testimonios— se perdieron, pero la gente los conserva en la memoria y los transmite de padres a hijos.

Culmina una noche de parranda con alegría y enérgica competitividad, queda la ciudad, con sus 50 469 habitantes, rendida en la quietud del sueño renovador que lo perturba solo la imagen onírica de fervientes luces y flash de colores. Despiertos acá, la luz del alba nos muestra una ciudad panorámicamente colonial y singularmente a destiempo. Ha quedado allí para todos con sus 559,6 kilómetros cuadrados, llena de historias, de palmas y columnas erguidas hacia el cielo para reafirmar siempre, que los remedianos que están son la parte del pueblo que antaño sobrepasó las amenazas de la partida hacia una nueva localidad y se sienten orgullosos de que su presencia y vigilia cuidara con celo, todos los valores físicos y espirituales que lo mantienen legendario, desde el carácter significativo de su propio nombre "Remedios".

Entrada a la Ciudad de Remedios.

Trinidad

«*Dice que en el puerto de Xagua en la dicha provincia de Guamuhaya, ay un muy buen asiento, ribera de un muy buen río que se dice Azimo (Arimao) de muchas crianzas de todo ganado; y el sitio en muy buena parte y muy sana al parecer... y le instituyó el nombre de "La Santísima Trinidad"».*

Bartolomé de las Casas.
"Historia de las Indias".

Es hacia el suroeste de la provincia de Santi Spíritus, una pequeña porción de la región central de Cuba bañada por aguas tranquilas del Mar Caribe, que en sus costas, resulta pantanosa. Tierra de preciosa trilogía —ríos, montañas, bosques— de terreno arcilloso pero fértil, que ostenta un grupo montañoso que ocupa el quince por ciento de su territorio aproximadamente. Es Trinidad, como desde el principio de su fundación se la conoce, una de las regiones del país más celebres en cuanto a conserva-

Típica calle empedrada.

Casa Trinitaria.

ción de las características potenciales que representaron, en su tiempo, las fieles disposiciones de la corona española al fundar una villa en el continente precolombino.

Fue Don Diego Velázquez, quien después de haber fundado San Salvador de Bayamo y en busca de cercanía de ríos, facilidades para las comunicaciones exteriores abundancia para tierras fértiles para la agricultura y crianza de ganado, así como existencia de minas de oro, fundó Trinidad, al parecer a finales de enero de 1514. Trazó el centro del núcleo urbano, plaza iglesia y demás edificios oficiales y a finales de ese año la trasladó para orillas del río Táyaba o Guaurabo, cerca del Puerto de Casilda, lugar donde ha permanecido siempre.

Es una de las villas más auténticas, porque tiene dispuestas sus calles con cierta orientación con respecto a los ejes cardinales de modo que sus esquinas miran hacia la dirección de los vientos y evitan su enfrentamiento directo. Se fundó a la orilla izquierda del río para evitar que la niebla y los vapores del agua se desplazaran al amanecer, sobre el pueblo, según normas de higiene.

Los orígenes de la población de Trinidad tienen su fuente en asentamientos de grupos Taínos y subtaínos que se dedicaban a ciertos cultivos agrícolas, y a la alfarería o cerámica.

A partir de 1534, más o menos, Trinidad permanece casi despoblada en espera de definición de nuevas rutas comerciales con las nuevas tierras del Perú; los vecinos españoles se ausentan de la bella Trinidad y ésta se convierte en un pueblo de indios dando paso a los ataques del corso y la piratería que tomaron gran fuerza durante los siglos XVI

Detalle de la fachada.

El asentamiento inicial de los españoles dio paso a un periodo de población india, que sufrió los ataques de los piratas durante los siglos XVI y XVII.

Edificio colonial en Trinidad, al fondo la torre de San Francisco.

Vista de la Torre de San Francisco.

Detalle de reja típica en forja de hierro.

Detalle de la esquina de una casa en Trinidad.

Torre y campana de Manaca-Iznaga.

y XVII. Los más significativos fueron los ocurridos entre 1660 y 1668, fue en esta época cuando los trinitarios y espirituanos acuden a reforzar las milicias comandadas por Pepe Antonio, Regidor de Guanabacoa, los escudos de armas de la ciudad así lo disponen. La población fue formada adicionalmente a la antigua región homónima parte de las regiones de Caibarién y Escambray.

Iglesia Parroquial frente a la Plaza Mayor.

En la actualidad, en una extensión territorial de 11 793 km cuadrados existen algo más de 62 855 habitantes, con una densidad superior en la ciudad.

Es difícil entrar en la ciudad de Trinidad y no detenerse unos minutos en la contemplación o la espera a la reacción de que no es que hayamos tomado la máquina del tiempo y estemos caminando por las calles empedradas de tres o cuatro siglos atrás, sino de estar visitando uno de los conjuntos arquitectónicos mas completos de América. En su armonía, combina características de los siglos XVIII y XIX y los primeros años del XX, y su conservación es tal que encanta en la medida en que los tiempos actuales se deben más a líneas rectas y de lenguaje directo, sin las sinuosidades coloniales. Por eso, desde el 31 de diciembre de 1981, Trinidad es Monumento Nacional.

Algo que sorprende mucho al visitante es la sensación de intemporalidad que se percibe al entrar al pueblo.

Posee una preciosa Plaza Mayor, síntesis perfecta de las Ordenanzas de 1573, que meritaban las funciones de las villas con disposiciones similares a las de las penínsulas; y así está, sembrada de plantas preciosas, rodeada de verjas que recubren sus jardines.

En su centro se yergue altiva, la estatua de la musa

Casa de Alejo María del Carmen Iznaga.

Torre de Manaca-Iznaga.

Puente metálico en la entrada de Trinidad sobre el río Manatí.

Vista del Valle de los Ingenios desde la torre Manaca-Iznaga.

Gracias a la mezcla de muestras arquitectónicas y artísticas, fue declarada Trinidad Monumento Nacional en el año 1981.

Terpsícore, dispuesta a brindar inspiración danzaria a las sensibilidades más sutiles.

Mirándola en su conjunto, es imposible dejar de apreciar los exquisitos trabajos de ebanistas y artesanos; a su alrededor, el museo de arqueología "Guamuhaya" exponente de nuestra cultura aborigen, sirve además, como sede de la dirección provincial de Arqueología y espeleología; el mismo, atesora valiosas piezas originales de las raíces aborígenes.

El Museo Romántico se instaló en el antiguo palacio de Brunet y fue inaugurado el 26 de marzo de 1974; dispone de 14 salas permanentes y una transitoria. En su colección hay muebles de diferentes estilos, valiosas piezas de Arte Decorativo y pinturas grabadas. Al fondo se divisa la torre del que fuera convento de San Francisco de Asís. Este convento había sido fundado junto con su iglesia, en el siglo XVIII, actualmente sólo se conserva su torre y en ella encontramos el Museo Nacional de lucha contra

Detalle de la entrada a una Casa en Trinidad.

Plaza Mayor e Iglesia de Trinidad.

Iglesia de Nuestra Señora de la Candelaria de Popa.

$\mathcal{P}$*uede encontrar el visitante varios museos que le ayudarán a comprender, y también admirar, un poco la historia de esta localidad cubana.*

Bandidos. Posee tres salas de exposición permanente así como un Centro de Documentación.

Otra de las construcciones arquitectónicas que nos hablan del pasado de la villa, lo es la Iglesia de Nuestra Señora de la Candelaria de Popa. Fue fundada en 1530 por la Orden de los Franciscanos y a juzgar por la fecha y el estilo, es una de las edificaciones más antiguas de la ciudad.

Otros museos son el de historia, el de ciencias naturales y el de arquitectura, valiosas joyas de cada especialidad, que atesoran momentos palpitantes de épocas que hicieron historia.

Un detalle interesante en la atractiva villa lo constituye la famosa Torre de Manaca-Iznaga, edificada en 1816 por Alejo María del Carmen Iznaga. Es una torre que tiene 45 metros de altura, y en aquella época en que el auge del comercio del azúcar hacía precipitar el trabajo, Trinidad poseía muchos inge-

Otra vista de la Plaza Mayor.

nios. Hacia 1862 existían por la zona más de cuarenta ingenios con fuerza de trabajo esclava y semiesclava, así como los llamados colonos chinos llegados a partir de 1862. La Torre de Manaca-Iznaga sirvió de Atalaya sobre los campos de caña del Valle de los Ingenios.

En lo alto de la misma había una campana que marcaba el inicio y fin del trabajo.

La naturaleza de Trinidad es grandilocuente. Las Alturas de Trinidad-Santi Spíritus son el 60% del macizo montañoso de Guamuhaya (Sierra del Escambray). En las de Trinidad se encuentra el Pico Potrerillo que viene siendo la altura mayor de la provincia con 931 metros sobre el nivel del mar. Este macizo montañoso se halla dividido en dos por el río Agabama uno de los más caudalosos de la región. Lleva este nombre desde su

Plaza Mayor de Trinidad.

Cerca de Trinidad se encuentra el Pico Potrerillo, que está considerado como el pico con mayor altura de la provincia, con 931 metros sobre el nivel del mar.

nacimiento hasta el primer puente de la carretera Trinidad Santi Spíritus donde se une con el río Ay para formar el Manatí y desembocar en el Mar Caribe. La flora de la zona está representada por especies que constituyen diferentes formaciones vegetales, desde extensiones de manglares hasta bosques montanos y submontañosos. La fauna es muy diversa en las montañas, zonas litorales y cayos. Abundan animales en peligro de extinción como majaes de Santa María jutías, iguanas y variedades de aves. El flamenco (Phoenicopterus rubes) es una de las aves más llamativas, en la costa sur, en la playa Ancón de Trinidad (la mejor de esta costa en el país) puede encontrársele en bandadas de más de quinientos pájaros que se ordenan por grupos de edades; los blancos (pichones) al final de la formación, los rosados, en el medio y los más rojos, al principio.

Llueve entre los meses de mayo a octubre y la dirección de los vientos es del norte-nordeste con temperaturas que varían desde 17° C hasta 27° C, según sea montaña o llano.

Al finalizar el recorrido por la "Villa" se puede valorar los preciosos trabajos de artesanía que ofrecen los trinitarios al elaborar, con armoniosa maestría: el barro, el guano, el yuraguano y el guaniquiqui. Un sombrero de guano, sería una buena opción para continuar asimilando el potente sol cubano.

Playa Ancón.

Puerto de Trinidad.

El conjunto de ríos, montañas y bosques supone la creación de un marco incomparable que aquilata el paisaje.

Cárdenas

Cárdenas ¡Bandera!.¡José Antonio!. .
¡qué de casas lindas!
¡qué hijos!
¡qué riqueza!...

Raúl Ferrer

San Juan de Dios de Cárdenas es ciudad joven. Debe su nombre por haberse elegido para su fundación el día dedicado en el santoral católico a San Juan de Dios, y Cárdenas por haberse declarado poblado en el terreno que pertenecía a la hacienda Cárdenas, mercedado en 1709 por el Cabildo de La Habana a Don Diego Sotolongo. La fecha exacta de su fundación como pueblo, es el 8 de marzo de 1828.

No más llegar a esta ciudad de 564,84 Km cuadrados y aproximadamente 74 668 habitantes, nos asalta la presencia de infinidad de rostros que hablan por sí mismos de su integridad étnica; negros,

Casa frente a la Iglesia donde se izó por primera vez la bandera de Cuba.

Destilería y Fábrica de Dulces de Arechabala.

Coche de caballos de Cárdenas (la ciudad de los coches).

Fachada principal de la Iglesia Parroquial de Cárdenas.

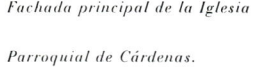

Vista de la fuente en el Patio de la casa natal de José Antonio Echeverría.

Patio interior de museo «Casa Natal de José Antonio Echeverría». Oficina principal de la Fábrica y Destilería Arechabala.

achinados, blancos ocres, blancos con reflejos nórdicos; mulatos miles, etc. Rostros que nos hablan de su origen cosmopolita y colonial por excelencia. Desde su fundación, la prosperidad económica en la industria azucarera de Cárdenas atrajo a muchas personas provenientes de Europa y Norteamérica, sin excluir Canadá. Decisiva en el proceso de formación del poblado fue la participación de norteamericanos y franceses emigrados de Haití y Santo Domingo en la etapa de la revolución de la vecina Haití, a partir de 1790, así como de chinos y yucatecos que venían contratados como mano de obra y luego pasaban a ser esclavos. Todos estos, conjuntamente con los esclavos africanos traídos a la comarca conformaron la identidad cultural local.

Este interesante pueblo de la región occidental de Cuba, está situado al noroeste de la provincia de matanzas, limita al norte con la hermosa playa de Varadero, el polo turístico más importante de la isla, y el estrecho de la Florida. Al sur se encuentran los municipios de Limonar y Jovellanos, al oeste Matanzas y al este Perico y Martí.

El acceso al pueblo es cómodo por la amplia carretera, que desde Varadero se ha trazado con cuatro vías; también se hace posible desde algunos poblados de la provincia de Matanzas, Limonar,

Cárdenas es un histórico enclave cubano que merece escribir su nombre en el pasado revolucionario del siglo XIX. El hecho de ser la primera localidad donde se izó la bandera de Cuba le hace merecedora de un sitio en la historia.

Entrada a la Estación Ferroviaria.

Estación Ferroviaria de Cárdenas.

San Miguel de los Baños, Cidra, Martí, Unión de Reyes, Jovellanos, etc. Por ómnibus nacionales se viaja desde la Ciudad de La Habana, y desde Sagua La Grande y Villa Clara se llega hasta la terminal situada en la avenida de Céspedes. Por ferrocarril se puede viajar desde Cárdenas a varios poblados de la provincia pero no a la capital de provincia ni a otras localidades de provincias cercanas a Matanzas. En el municipio, muy cerca del polo turístico de Varadero se halla enclavado el aeropuerto "Juan Gualberto Gómez".

Ciudad con excelente trazado urbano, formada por sus rectas y amplias calles, manzanas de cuatrocientos metros cuadrados que se van organizando en torno a varias plazas o parques, estructura física de pueblo que hereda composición al estilo americano. Esta característica física la proporciona la posibilidad de la proliferación de ciclos y por eso es Cárdenas un pueblo donde la mayoría de sus habitantes usa para transportarse bicicleta o coche desde antaño, de tal forma que la profusión de estos vehículos en el

Estación.

La economía de Cárdenas se vio favorecida por la industria azucarera, que desde su fundación fue utilizada como reclamo para los futuros inmigrantes.

pueblo es una propiedad que le ha hecho concebir a obreros de la planta de ferrocemento la construcción de un monumento a cada uno de ellos, que se pueden encontrar, por orden, en la salida hacia San Miguel de los Baños, en el parque que rodea al Fuerte Rojas, uno de los que pertenece al Cinturón defensivo de la ciudad, construido por la colonia contra las tropas mambisas; el otro, el coche se encuentra en Sáez y Calzada, frente a la terminal de ómnibus de Cárdenas a Varadero en el terreno donde se encontraba la antigua cárcel. Cerca de allí se encuentra el monumento a las madres construido en 1943.

La avenida principal de Cárdenas lleva por nombre Carlos Manuel de Céspedes, en honor al "Padre de la Patria", aunque los cardenenses le continúan llamando Calle Real por la denominación de "Real de Isabel II" que tuvo durante el siglo pasado. Su centro histórico urbano está delimitado por las calles y avenidas de Pinilla, Cristina, Ruiz y Vives, en el que se hallan los más antiguos y principales edificios que con sus variados estilos arquitectónicos identifican la ciudad.

Incluye este perímetro tres importantes plazas, la principal de ellas la Plaza de Colón, en la que se halla la primera plaza erigida pública y solemnemente al Almirante Cristóbal Colón en

Ayuntamiento de Cárdenas.

Fachada del Museo «Casa Natal de José Antonio Echeverría».

Dentro del papel heroico desempañado por esta población, destaca la participación del insigne Carlos Manuel de Céspedes, importante personaje dentro de la historia revolucionaria cubana contra la opresión de la metrópoli española.

Fuente en la entrada de Cárdenas.

Plaza del Mercado Malacoff.

En esta localidad cubana, se encuentra la primera plaza pública que se construyó en toda América, en homenaje al almirante don Cristóbal Colón.

América. La Plaza del Mercado Malacoff, antaño lugar de compra y venta pintoresco por la presencia doméstica. Fue inaugurada en 1859, estuvo mucho tiempo abandonada pero actualmente se ha rehabilitado con su misma función. Por último la Plaza Espriu, actual parque José Antonio Echeverria, fundado en 1963.

Caudal enérgico de sangre europea viviente en el centro del Caribe, los criollos cardenenses imitaron en su ciudad los modelos clásicos griegos tal como el neoclasicismo les sugirió, y con sus variantes peculiares levantaron edificaciones protuberantes y ornamentadas en las que no faltó la presencia del arco para que la ciudad fuera neoclásica por excelencia. Para apreciarlo con claridad valdría la pena disfrutar de este estilo en el hotel "La Dominica", La Casa de Angarica actual Hotel Europa, La Casa Constitucional hoy Museo Oscar María Rojas y la Casa o Palacio de los Muros, actual Hotel La Aragonesa. Numerosas casas de vivienda son eclécticas por imposición en el pueblo.

Edificaciones de relevancia suprema se han perpetuado como instituciones importantes, entre ellas, el Museo Polivalente "Oscar María Rojas", segundo fundado en el país, el que posee colecciones exclusivas de arte numismático y de ciencias, el Museo "Casa Natal José Antonio Echeverria". La Casa Natal José Antonio Echevarría ofrece un recorrido por la Historia de Cuba a través de objetos originales pertenecientes a Carlos Manuel de Céspedes, José Martí, Antonio Maceo y otros próceres de la Independencia de Cuba.

La arquitectura proyectada en los edificios de Cárdenas delata una admiración de los antiguos habitantes por el estilo neoclásico, como lo demuestran los arcos y las líneas clásicas de los edificios.

Interior de la Plaza del Mercado Malacoff.

Aparece también en la ciudad, el archivo histórico municipal José Smith Comas, la Biblioteca Municipal José Antonio Echeverría y el Centro de Veteranos General Máximo Gómez Báez, institución en la que se halla el cuarto en que falleció el Generalísimo, en la calle 5ª esquina D en el Vedado, en Ciudad de La Habana. Hasta Cárdenas fue trasladado.

Ubicada en la antigua e importante Plaza de Colón, se encuentra fielmente erigida la Iglesia Parroquial "La Purísima Concepción" la que constituye el más importante templo católico local.

Otros templos católicos son la Iglesia-Capilla "La Trinitaria y la Iglesia de San Antonio, aunque también las hay de las llamadas protestantes.

El cardenense (gentilicio que le acredita) no es sólo creyente de los símbolos bíblicos que vieron su nacimiento al inicio de Nuestra Era, sino que siente un gran aprecio por los cultos sincréticos cubanos de origen africano como la Regla Conga o Palo Monte, la Regla de Ocha o santería, Regla Arará o Sociedad Secreta Abacuá. Todo esto, fundamentalmente como consecuencia directa de la numerosa e importante comunidad de origen africano existente en la comarca en el pasado siglo. Coexisten con estos cultos sincréticos numerosas manifestaciones protestantes y la Iglesia Católica.

Al definir esta parte del sentimiento de un pueblo que es su realidad, reverbera en la mente la idea de la cultura auténtica del pueblo, su personalidad manifiesta como ciudadanos originados por tantas mezclas y aunque miembros de una nación, elementos probados de ellos mismos. Desde los albores de su propio nombre, los cardenenses veneran a San Juan de Dios y festejan

Las creencias religiosas de los «cardeneses» se mezclan con hábitos importados de África a través de la numerosa comunidad africana. A principios de marzo se celebran sus fiestas tradicionales (coinciden con la fecha de su fundación).

Casa en la Avenida de Cárdenas.

La devoción de los habitantes cardenenses no se limita solamente a las imágenes de la iglesia católica, pues como hemos visto en otros sitios, también aquí se mezclan ritos y leyendas con orígenes diversos.

en su día con dedicación, porque los pueblos con fiestas públicas cristalizan sus expansiones de gozo en moldes propios y definidos. Así pues, del 1 al 8 de marzo realizan sus fiestas tradicionales, por coincidencia el último con la fecha de su fundación y aparecen en la noche: la fogata de San Juan (la quema del muñeco de San Juan), el juego de la cucaña o palo encebado, las parrandas guajiras y los bailes de disfraces, entre otros, todo con carácter masivo y popular.

Y como pueblo de hacer espontáneo, sangre caliente que viaja de cerebros a manos creadoras, surge en la artesanía local, un sello de identidad inconfundible que se centra en una fuerte asociación de artesanos y artistas, la cual comercializa sus productos en el Palacio de Artesanía ubicado en la Avenida de Céspedes, entre Calle Velázquez y Cristina, y en numerosas instalaciones de Varadero.

Más y más hay de Cárdenas. cómo no mencionar su famoso apelativo de Ciudad bandera, porque el 19 de mayo de 1850, cuando la ciudad fue atacada por el anexionista venezolano Narciso López, este hizo ondear, en el entonces edificio de la Casa de Gobierno de la ciudad —hoy Hotel La Dominica— por primera vez, nuestra enseña nacional.

La artesanía tiene también un lugar en esta famosa Ciudad Bandera de la isla cubana, por lo que existe una asociación de artesanos y artistas.

Instalación turística en Varadero.

Salgamos de la ciudad por la carretera donde una vegetación arbustiva baja verdea los contornos del asfalto caliente. Siglos atrás, grandes bosques de árboles maderables poblaban la zona, y allá en la costa, la vegetación es típica de terreno cenagoso, donde abundan los manglares.

Aquí, el suelo que abunda es el terralítico y se corresponde dadas las características con insectos lepidópteros, crustáceos y variadas especies marinas. La leyenda del cangrejo lo demuestra (los cientos de cangrejos que abundaban por las calles en el siglo pasado hicieron que en esa época los cardenenses fueran "cangrejeros"). El monumento al cangrejo está en la carretera de Varadero hacia Cárdenas.

Playa de Varadero.

Allá, cerca del mar, las gaviotas rosadas buscan, con la manada, una altura pequeña para poder pescar; el alcatraz, sigue su rumbo propio al ras del agua, que en la tarde es serpentina de fuego y espuma plateada cuando se traga el sol.

Cerca de esta localidad se encuentra uno de los lugares con mayor atracción turística de Cuba: Varadero y sus playas caribeñas.

Guanabacoa

*L*a Hermosa Villa; la Villa de las Lomas;
La bella Guanabacoa.

Entrada al teatro Carral, actualmente sala cinematográfica.

Al noroeste de la Ciudad de La Habana, no lejos de las hermosas playas de Guanabo y Santa María de Mar, en un suelo sumamente accidentado se halla enclavada esta población, que desde sus orígenes, netamente indios, conserva su nombre con la propiedad inevitable de su significado. Guanabacoa quiere decir, sitio de aguas o lugar alto (en el léxico indígena, el sufijo -coa significaba altura) donde abundaba el guano y el manantial.

Fue precisamente por la época del descubrimiento, que un pequeño grupo de familias indígenas atendía ya basificada, una pintoresca población que coronaba las lomas en la que se eleva hoy la hermosa Villa. Indios prealfareros que fueron bastante respetados por los españoles y a ellos se debieron por largo tiempo.

Desde sus orígenes indígenas, Guanabacoa fue una población con una importancia merecida; esta relevancia aumentó el año 1555 por el traslado forzoso de la gente que habitaba La Habana.

Después del deceso de Don Diego Velázquez (Primer Gobernador de la Isla de Cuba), el Sr. Don Gonzalo Pérez de Angulo que por Real disposición se tituló Gobernador y fijó su residencia en La Habana, hizo muchas concesiones a los indios guanabacoenses y ordenó que se dejase a ellos vivir en libertad además de que el Ayuntamiento de La Habana designó a este pueblo, como asilo general de todos los indígenas que erraban por los montes.

Guanabacoa se hizo importante cuando el triste acontecimiento del 10 de Julio de 1555 en que Jaques de Sores, francés de nación y atrevidísimo pirata apareció con sus naves por la zona litoral en que hoy se encuentra el Morro y penetró, sin que sus habitantes se pudieran defender, en la ciudad, saqueándola e incendiándola, situación que motivó el traslado del Gobernador y Ayuntamiento para la Villa de Guanabacoa donde los indios dieron recibimiento y alojo durante el resto de ese año a la autoridad de La Habana y a muchas familias desamparadas.

La antigua Plaza de Recreo, hoy es el Parque Martí, el que está presidido por una estatua de apóstol y rodeados de bancos y jardines interiores, lo circunscribe las calles Pepe Antonio, Real y Martí. Enfrentando el costado de la Iglesia, el Palacio Municipal hoy presidencia de Guanabacoa, reina con su estilo neoclásico y su majestuosa presencia...

A un costado del parque, la Parroquia de Nuestra Señora de la Asunción, inaugurada el 15 de agosto de 1607 la que patrocina la gentil Ciudad; se eleva a cincuenta metros sobre el nivel del mar y posee una elegante y sencilla arquitectura que la coloca entre los mejores templos de la Isla.

En la plaza del pueblo se puede ver el recuerdo de la figura de José Martí, importante personaje de la revolución cubana.

Algo alejado, pero en el mismo plano de la Iglesia se levanta el que fuera Seminario y Colegio de los PP. Escolapios, fundado en 1857

Parroquia de Nuestra Señora de la Asunción.

Palacio Municipal de Guanabacoa.

Vista lateral del mismo edificio.

Patio en el Colegio Escolapio.

Parque Martí.

bajo los auspicios de la Reina Isabel II de España, escuela cuyos objetivos eran tratar de preparar ciudadanos de corazón recto y de inteligencia ilustrada. Vale como joya decimonónica esta construcción que actualmente espera porque la mano del hombre la repare en su propio estilo para continuar siendo, como lo es actualmente, un tesoro constructivo que aporta enseñanza.

En la Calle Pepe Antonio, un hermoso edificio señorial con balcones de rejas, en el frontón, cual palcos de un teatro, confirman lo que fue el Teatro Carral, de principios de siglo, cuyo nombre se debe al dueño que lo edificó, y en estos momentos es una sala cinematográfica.

La ciudad de La Habana está premiada con la Hermosa Guanabacoa, no es posible hablar de cultura sin contar con su agradable presencia, de su seno han salido hijos prestigiosos en la música, la plástica y Literatura, que han logrado pisar la arena internacional y quedar alumbrando caminos de generaciones presentes y futuras porque la solidez de su arte lo plasmó así. Músicos de la talla de Rita Montaner, Ernesto Lecuona, Ignacio Villa (Bola de Nieve), aportaron el prestigio a la afamada Escuela de Música que ostenta orgullosa la ciudad a pesar de que la necesidad de su remozamiento esté dando vueltas como un duende intranquilo que no sabe cómo esperar. Guanabacoa es, un Museo de Música.

En pintura, desde el siglo pasado insignes manos lograron plasmar épocas que hoy se aprecian como eternos recuerdos de locaciones que ahora para los guanabacoenses son su verdadera historia. Concha Ferrant en el siglo XIX dibujó cuadros que fueron premiados en el exterior con medalla de oro.

Un edificio importante en este pueblo es el que albergó el seminario y el colegio de los Padres Escolapios, fundado en 1857 con el consentimiento de Isabel II de España.

La Habana tiene como vecina a una población que aquilata sus vistas, y también ejerce como un acompañamiento excelente.

El ejercicio de las artes parece que fue una vocación bastante fomentada, pues la lista de artistas que nacieron en las tierras de Guanabacoa contempla desde músicos a literatos, pasando por pintores.

Cómo no mencionar la Literatura como manifestación de la conciencia de una sociedad en constante búsqueda renovadora. Genuinos valores representativos lo son Mercedes Valdés Mendoza, Julio Sanclemente Aubosquet y Elvira de Neyers entre otros. El famoso Justo de Lara, era de Guanabacoa, y cómo no recordar al poeta Alfredo Torroella y Romaguera, quien al morir provocó que en su más sentido dolor, José Martí, el apóstol de nuestras Guerras de Independencia pronunciara su primer discurso público en el Liceo Artístico y Literario de Guanabacoa el día 21 de enero de 1879 ante el cadáver del poeta.

Hablar de discurso nos provoca una referencia inmediata a la historia del país, de la región. Cuando en 1762 los ingleses hicieron su entrada por los Torreones de Cojímar, el pueblo de Guanabacoa con su milicia organizada bajo las órdenes de El Alcalde Mayor provincial y Capitán de Milicias de Guanabacoa don José Antonio Gómez —Pepe Antonio— corrió a la batalla rechazando algunas lanchas. Pepe Antonio, el Capitán, demostró su valentía aunque acosado por los tiros de la formidable escuadra, se replegó en las pequeñas lomas contiguas a la llanura en que se levanta hoy el pueblo de Cojímar, y desde allí continuó sus planes guerrilleros. Una vez más. La Villa de las Lomas quedó a la altura de su propio estado físico.

Teatro Carral en la calle Pepe Antonio.

A pesar de haber tenido la Villa un origen indio, la religión Católica aquí se marcó con fuerza porque al ser estos bautizados "bajo la Gracia de Dios" comenzó a reinar una tradición por esta religión, sin embargo, la entrada en el país de las fuerzas africanas introdujo consigo en esta parte del territorio sus aportes africa-

La práctica de la Santería es también un hábito muy arraigado en las costumbres de las gentes del lugar. Como siempre, ésta santería se catalizó al mezclarse la cultura asentada en la isla con la aportación africana.

nos de los cuales los que han prevalecido en Cuba son los de origen Bantú (congos) y los Yorubá (lucumies). Los elementos culturales de origen Bantú mezclados con los aportes católicos han producido el otro complejo sincrético conocido por Regla de Ocha o Santería. Guanabacoa tuvo varios representantes, "sacerdotes" de esta religión y otros fueron legendarios. Fray Ignacio, por ejemplo, es personaje de leyenda, como lo fue Arcadio Calvo Espinosa a quien los nativos profesaban ciega fe por sus milagrosas curas. En la actualidad y desde 1957 Enriquito —como lo nombran popularmente— y quien reside en Guanabacoa desde hace más de cuarenta años fundó una Casa Templo, bajo la advocación de Babalú Ayé (San Lázaro en el santoral católico) para socorrer a los 'hermanos' en dificultades. Guanabacoa ha considerado a Enriquito una verdadera estampa de padrino sabio por su nobleza y solidaridad humanas, por eso, le ha distinguido con la medalla de la ciudad. En el portal de la Casa Templo de Enriquito en La Jata, Guanabacoa, encontramos una imagen de San Lázaro dentro de una urna de cristal cuyo tamaño es natural y sus atuendos representan a aquel que el pueblo nombró su perfecto bienhechor. A su lado nunca faltan ofrendas populares en agradecimiento infinito. Extender la mirada, en la cima de la Loma de la Cruz, lugar mágico de Guanabacoa como para un estudio más profundo, es divisar al noroeste los pueblos de Casablanca y Regla con sus fábricas y almacenes; al norte, al parecer dormido, el rugiente Océano Atlántico y más cerca cubiertos de lozana vegetación, los cerros de Cojímar. A la derecha, entre otras también importantes, Santa María del Rosario. El barrio condal que llama poderosamente la atención.

Llegue a la tierra del "Babalao" y no se aleje, si es temporada (noviembre) sin ver las fiestas de Wenmilere dedicada a los orichas, seguramente al conocer la Villa de cerca y apreciar sus valores culturales y religiosos, podrá responder, si alguna vez siente cierta dolencia física o espiritual, a la pregunta de: ¿has ido a Guanabacoa?.

Imagen de San Lázaro en la Asociación Religiosa Afrocubana.

Regla

Guaicanamar - que quiere decir mirando al mar -.

Al sudeste de la entrada de la bahía habanera, impregnada de aire marino, gente abierta a la comunicación y leyendas populares, está situada la ciudad de Regla, vestida de azul con traje de percal.

El viaje atravesando la bahía desde la Avenida del Puerto es atractivo porque además de llegar en poco tiempo al emboque (embarcadero), se puede realizar uno de los tradicionales rituales dedicados a la Virgen de los mares. La Virgen de Regla, y no es más que lanzar cualquier moneda al mar y solicitar a la pequeñita de color negro algún deseo relacionado casi siempre con el agua. Por carretera también se puede llegar, siguiendo la Vía Blanca, en dirección al semáforo de Guanabacoa.

Desde sus orígenes, Regla —cuyo nombre autóctono es

Calle principal de Regla.

La industria es una de las principales promotoras de este pueblo cubano: hay una refinería, fábrica de fertilizantes, centrales termoeléctricas...

Guaicanamar—, ha sido una zona eminentemente industrial. En una fecha tan temprana como 1598 se fundó en su territorio el ingenio de San Pedro de Guaicanamar, el primero en Cuba movido por tracción animal. En la actualidad, posee la Refinería de petróleo "Nico López", las termoeléctricas Antonio Maceo y Frank Païst, la fábrica de fertilizantes Fernando Granada y las actividades del puerto.

En el Casco Histórico Urbano se encuentra el Parque Martí, escoltado por tres estatuas de mármol y un monumento erigido a los mártires de Girón, hecho en ladrillo refractario y bronce. Las estatuas representan las imágenes de José Martí, Carlos Manuel de Céspedes y el Comandante Miguel Coyula. Frente al lateral del monumento a los mártires, está el Teatro Céspedes, una construcción que ya reclama su apoyo arquitectónico, pero que aún conserva su prestancia.

Placa conmemorativa de la inauguración del Liceo Artístico y Literario.

Mural de las tres culturas en el Liceo.

Entrada del Teatro Céspedes.

La huella dejada por José Martí en esta localidad es bastante importante, como podemos comprobar con el pequeño homenaje que hay a su figura en el Liceo Artístico y Literario.

Siguiendo una de las calles laterales, en busca de la zona litoral, aparece, aunque remozado con una arquitectura muy diferente a la de sus orígenes, el Liceo Artístico y Literario, antiguamente era una casa de madera con estilo colonial, que sucumbió al tiempo a causa del deterioro, pero ese detalle físico no invalidó su presencia porque ahora sigue estando en su mismo espacio y con los mismos objetivos aunque las tareas y trabajos sean algo diferentes.

En su interior hay un mural con la imagen del Apóstol de Cuba José Martí, en medio de la aguerrida fuerza mambisa. El patio, es un bonito colage de escenarios de ambientación que muestra la trayectoria de nuestra raíces culturales, los murales pintados con imágenes propias de las fiestas de los diablos, el magnífico Guateque campesino y el melodioso y rítmico baile andaluz, agradan por su color en un espacio luminoso presto a recibir invitados. Una de las fiestas que representa desde siglos pasados la cultura reglana, es la selección el Reinado de las Flores, que se realiza a partir del mes de abril y al final, con la elección de la reina, se celebra una preciosa fiesta en honor a la elegida que representará a Mayo, el mes de las flores.

Como si hubiese sido elegida para controlar las aguas que bañan sus costas, Regla le debe a su propia vejez, las historias míticas

Embarcadero de La Lacha, que une Regla y la Habana.

Ayuntamiento de Regla.

Vista del Puerto de La Habana desde el embarcadero de Regla.

Entrada a la capilla de la Virgen de Regla de la Religión afrocubana.

Interior de la Iglesia de la Virgen de Regla.

Capilla afrocubana en Yemayá o Regla.

y populares más atractivas que encantan porque conjugan a partes iguales las creencias religiosas de dos regiones.

Cuenta la leyenda, que ya en 1660 se erigió en el caserío de Regla, en terrenos del ingenio Guaicanamar, un bohío que cobijaba la imagen de una virgen de la Regla de San Agustín, virgen que había sido esculpida por un africano que había soñado con ella para que fuera el adorno mayor del oratorio del Padre San Agustín. Con los siglos el nombre de San Agustín se perdió y se quedó siendo la Virgen de Regla. El bohío fue arrasado por una tormenta y construido entonces, en su lugar, una ermita de mampostería que se acabó de construir en 1664 y recibió otra imagen de la Virgen traída por el sargento mayor don Pedro de Aranda, la misma representaba aquella cuyo primer milagro había sido cruzar el estrecho de Gibraltar bajo una tormenta sin sufrir daños, ni ella, ni el barco, ni el hombre que la transportaba. Había sido tanto su acierto que los marinos y pescadores no dejaron de comentar el hecho y finalmente la tradición se encargó de hacer la Patrona y protectora de todos los marinos.

Instalada en la Ermita, fue objeto de mucha devoción por blancos nobles y negros, y el 23 de diciembre de 1714 la virgen quedó proclamada Patrona de la Bahía de La Habana.

Por azahares del destino, fue el esclavo Eulogio Gutiérrez, quien enviado por Orula, su madre desde Africa, regresó a Cuba después de haberse dado la libertad a los esclavos y habiéndose apropiado del mismo ingenio del que había sido esclavo, partió desde Calimete, en la provincia de matanzas. Y se instaló en Regla con todo su potencial religioso a hacer las obras que Olofi y su madre Orula la habían encargado: instaurar la Regla de Ifá, en Regla desde la última década del siglo pasado comenzaron a

*O*tra vez asistimos a la mezcla de la cultura popular con las creencias religiosas, basadas en la devoción cristiana a la Virgen: el mito y la leyenda se ven mezclados con los hechos históricos para darnos las narraciones de milagros y hechos sorprendentes.

Altar Mayor de la Virgen de Regla.

surgir los primeros ahijados de esta Regla, quienes se convirtieron en famosísimos santeros.

Se explica con toda naturalidad el sincretismo religioso que aparece con toda bondad en la ciudad protagonista de Regla. Desde las primeras fiestas que se la hacían a la virgen en la Ermita, antes de declararla Patrona de La Bahía, no sólo se escuchaban villancicos a la Virgen María, sino profundos toques Batá, matizaban las noches de bailes, que negros, blancos y mulatos hacían brillar, además, con peleas de gallos y alguna inesperada corrida de toros. La virgen María, es madre de Dios, hay que cruzar el mar para venerarla y ella reside en su orilla, Yemayá es la poderosa madre de todos los orishas, la misericordiosa reina del mar, que es su morada.

La Iglesia de Regla, que es hoy Monumento Nacional, mira hacia la Bahía de La Habana en una pequeña colina que la engrandece. Es pequeña y sencilla pero guarda en su claustro todo el amor que la devoción humana puede imaginar, es difícil no encontrar el altar de la virgencita de los mares cubierto de aromáticas flores que en muchos de los casos, se venden en los laterales del templo, así como muchas velas en compensación a tantas peticiones.

La devoción hacia la Virgen se ve, por un lado embellecida con los villancicos en su nombre y, por otro lado, por el folclore africano.

Los feligreses siempre han tratado de cuidar la imagen de su Virgen, por ello podemos ver su altar decorado con olorosas flores.

Edificio de los años 20 en Regla.

Calle típica en la ciudad de Regla.

A diez metros por el lateral, frente al emboque, hállase erigida una capillita con una imagen mucho más popular que la mandó construir la Señora Francisca Cárdenas, religiosa muy devota, que trabajaba como camarera en la iglesia. Desde principios de este siglo se encuentra allí adonde también acuden los feligreses en la misma misión que no va mas allá de la búsqueda de un milagro.

Una estela de corriente de aguas dejan las lanchas al interponerse entre una costa y otra de la bahía, creando un movimiento constante de público que se traslada desde uno y otro lado. Los motivos son disímiles, industrias, religión, convecinos, familiaridad, los que se han perpetuado por siempre en esta ciudad que mira hacia La Habana orgullosa de sus encantos.

En resumidas cuentas, nos encontramos en una bella localidad que puede mirar a La Habana frente a frente y ostentar un poco de ingenua vanidad.

Cojímar

Entrada de mar en tierra fértil...

Comienzan muy de a poquito algunos pueblos y se van animando, como las aves cuando al amanecer se desperezan para comenzar a trinar. En Cojímar, el ritmo de las olas en la Costa fue despertando una tierra que bañada por salitre, conservaba su fertilidad.

"Entrada de mar en tierra fértil, quiere decir Cojímar y aunque no tiene fecha de fundación exacta, el Cabildo de La Habana la llamó en 1837 Nuestra Señora del Rosario.

Posee 2,4 km. cuadrados y a pesar de que es una zona muy pura por su aire cargado de yodo y sus aguas minero medicinales.

A partir de 1553 se comienzan a mercedar los terrenos para cabras, lo que quiere decir que los primeros pobladores eran monteros. En 1590 comienzan los centrales azucueros a funcionar.

Porche en el patio interior en una casa colonial de Cojímar.

Monumento a Hemingway.

En Cojímar se construyó el segundo Central Azucarero del país.

Se encuentra justo al este de La Habana, con el estrecho de la Florida por el norte, la Avenida Monumental por el sur, al este la localidad de Alamar y al oeste el estadium y la Villa Panamericana.

La primera dueña de Cojímar fue la Condesa de Casa Bayona, quien poseía su casa en el poblado de Santa María del Rosario y en Cojímar construyó un oratorio con la imagen de Nuestra Señora del Rosario y tal vez por esto, y porque su río comienza en las lomas del Balneario de Santa María del Rosario o porque ese contexto geográfico es la parte posterior de la finca de Ernest Hemingway, el connotado escritor norteamericano que vio en esta isla su maravillosa fuente de inspiración, al menos su oasis al que solía visitarlo su musa, sea el motivo, entre otras razones para que Cojímar tenga

Barbería en Cojímar.

*C*omo es natural en Cuba, el azúcar y su industria forman parte esencial en la historia de Cojímar.

Entrada al antiguo Hotel «Campoamor».

un lazo estrecho con el poblado de Santa María del Rosario. Otra de las "comarcas" habaneras.

En el lejano año de 1764, la condesa dona el territorio al convento de Nuestra Señora de la Candelaria de Guanabacoa y tres años más tarde las propiedades pasaron al gobierno colonial español. En 1848, el gobierno español remata los terrenos y el cura Santiago Julián de Ganchegui compra la manzana que se denominó Plaza de Colón, en ella está la Iglesia. Esta manzana está dentro del Centro Histórico Urbano limitada por las calles; Carmen, Pezuela, Concha y Candelaria.

Cuando la toma de La Habana por los ingleses, en 1762, Cojímar poseía los Torreones y el Castillo que servían de parapeto a las invasiones marinas. Los fuertes implementos bélicos de los ingleses destruyeron la potentosa arquitectura de los Torreones y lograron tomar La Habana no sin resistencia porque los guanabacoenses como convecínos y los trinitarios y espirituanos partieron de sus villas hacia Cojímar en inigualable espíritu de solidaridad para apoyar al regidor de Guanabacoa: Pepe

Cojímar desempeñó una importante baza defensiva en la invasión de la isla por parte de los ingleses en 1762.

Varias vistas del Castillo de Cojímar.

Interior de una casa colonial.

Cuadro alegórico al desembarco de los ingleses en Cojímar.

Barra de «La Terraza».

Interior del Restaurante «La Terraza» adornado con fotografías de E. Hemingway.

Bungalow. Premio de arquitectura en 1958.

Restos de los Antiguos Baños.

Antonio, al frente de esta encomiosa batalla, fue esta la primera carga al machete en el territorio cubano contra los ingleses por parte de los españoles. En esta contienda, el castillo quedó semidestruído y doce años más tarde se reconstruyó.

Actualmente, el Castillo es una de las contrucciones que constituye lo que fuera el cinturón defensivo de la Ciudad de La Habana y se encuentra ocupado por las tropas guardafronteras.

El estilo de las construcciones de este pueblo que adorna el litoral habanero, es ecléctico en su mayoría y se pueden encontrar en el casco histórico urbano, casas coloniales cuya fecha de construcción, según su definición arquitectónica puede ser de finales del siglo XVIII. Esto, en su mayoría, en la calle que antaño se conocía con el nombre de Real de Isabel II, ahora avenida 152. Se sube por ella y es como si bordeáramos toda la costa habanera.

Una sola casa hay cuyo estilo de fabricación es Art Noveau y para ella, su dueño catalán, hizo traer desde África un jardín exuberante. La casa la hizo por el estilo de un convento de Clarisas en Barcelona.

En 1864 se inauguraron los baños públicos donde podían asistir a bañarse blancos y negros, abonando sus respectivas cuotas. Las

Restos del antiguo balneario de Cojímar.

En varios edificios civiles se admira el gusto de los constructores por combinar lo más vistoso de varios estilos, lo que da a las construcciones ese aire ecléctico tan característico.

Los pescadores son una parte importante de la estructura social de esta comarca costera tan cercana a La Habana.

Típico bungalow en madera.

arenas de la playa de Cojímar son grises pero la marea alta junto a la costa invita a navegar en tabla de surf aprovechando el atractivo impulso de las olas del Atlántico. El mar bordea la Terraza, el restaurante al que solía ir Hemingway a beber su copa, después de enfrentarse a la "aguja" y aunque la historia de "El viejo y el mar" no ocurrió precisamente en este escenario, el motivo de inspiración fue el viejo pescador Anselmo, cuyo biotipo al verlo en las fotos que conserva "La Terraza" refleja evidentemente la fisonomía de los pescadores de esta porción de tierra.

Como ha sucedido siempre en numerosos pueblos del mundo, la gente rica del lugar era dueña de la economía y de la vida de sus vecinos más pobres.

Iglesia Parroquial de Cojímar.

Un dato muy curioso de la conformación del pueblo de Cojímar lo constituye el hecho de que su población no tuvo clase media hasta la llegada del gobierno auténtico. Había solo dos clases, una de muy ricos y otra los muy pobres que generalmente eran pescadores hasta llegado el siglo XIX en que pasó a ser un barrio rural de Guanabacoa. Por eso, la construcción del pueblo se hizo poco a poco, teniendo en cuenta las condiciones sociales de los dueños y como es lógico, su poder adquisitivo, de hecho los ricos controlaban prácticamente la vida social de tal manera que cuando desde un 16 de julio comenzaron las fiestas patronales por la Virgen del Carmen, las fiestas comenzaban solo cuando tocaba la diana en casa de los ricos. Entonces se sacaba la Virgen en procesión por tierra y por mar. Iban los pescadores detrás en botes, había festejos en los alrededores de la iglesia, en la Plaza de Colón.

Fueron construidas en ese entonces grandes mansiones como el hotel Loma, en el que radicó un centro para los hijos de los desocupados, entre las décadas del treinta y el cuarenta, y luego se creó el primer taller de tejidos de punto "My Flawer". En estos momentos sirve de vivienda.

Cuando la dominación española cesó, se construyó el hotel de lujo "Campoamor" actualmente se encuentra en obras de remozamiento, pero llegó a ser a principios de este siglo, un centro antituberculoso, que se llamaba "Preventorio Antituberculosos José Martí".

A su inauguración, el 10 de marzo de 1907, asistieron doña Carmen Zayas Bazan (ex-esposa de José Martí) y su hijo pepito.

Un ejemplo del cambio de utilidad de los edificios decimonónicos es el que presenta el antiguo hotel Campoamor.

Los viejos edificios siempre fueron cuidados, engalanados, e incluso restaurados, si hubiera sido preciso, para mantener siempre la estrucutra arquitectónica anterior.

Otra obra significativa fue "La Casona" construida por el alemán Mont, levantada en 1936; hoy es un complejo deportivo local.

Con el paso del tiempo, fueron apareciendo otros estilos ya mas americanos como las construcciones de Emilio Castro. Su bungalow con fecha de edificación en 1927 y la casa moderna que también le pertenece. En la calle Real, contrasta también la que fuera primer premio de arquitectura en 1958 de la que existe réplica en Venezuela y Santo Domingo.

En la actualidad casi todas estas construcciones que ambicionan grandes espacios y arrebatan la mirada, se han ido y continuarán remozándose manteniéndola estructura anterior para que continúe el contraste de este pueblo de mar.

Algunos metros alejados de la costa, se construyó, en 1991, la villa Panamericana, una moderna y atractiva edificación deportiva que posee, además de las instalaciones deportivas que quedaron desde que se celebró en Cuba los Juegos Panamericanos de 1991, un complejo hotelero y un centro residencial y comercial con mucho movimiento urbano.

Patio interior de casa colonial.

Apreciar los encantos de esta pequeña población habanera, no es sólo sentir la brisa marina circular entre puertas y portones coloniales o verjas modernas de estilo ecléctico, también es saber que no va a haber tiempo para la indiferencia sino, ánimo para recibir y acompañar al visitante, que en su recorrido necesita

Este lugar marítimo fue siempre motivo de inspiración para las manifestaciones artísticas de aquellos que supieron apreciar su belleza.

ayuda. El cojimero, se siente feliz porque su mundo abierto al mar le ha proporcionado manifestarse abiertamente en las artes, disfrutando de las creaciones de sus propios vecinos.

Su naturaleza de isla, no sólo le dio el mar, pues en el abra del bosque y también en el valle hay trescientas ochenta y ocho especies de plantas de las cuales treinta y siete son endémicas de Cuba.

Se puede llegar a este bosque a través del río donde abundan los crustáceos y los quelonios.

El río y el mar unen sus fuerzas en un espacio abierto junto al puente del embarcadero que da paso a las entradas y salidas de las embarcaciones locales. La confluencia de las aguas en la tarde es un espectáculo maravilloso que vale la pena apreciarlo cuando el sol va llegando a su final.

Casa colonial junto al mar en Cojímar.

Santa María del Rosario

Pequeña ciudad, ciudad diminuta.

En la ciudad de La Habana, muy cerca de la localidad del Cotorro, existe un poblado al parecer encantado porque el tiempo no ha dejado de cubrirlo con los hilos de su magia. Está allí, preservado, extemporáneo, precioso. Su nombre es Santa María del Rosario y se ubica en medio de una meseta bordeada de un arroyo, en medio del valle.

Por disposición de los monarcas españoles, el 4 de abril de 1732, el poblado tuvo el honor de convertirse en Ciudad Condal al ser fundado por el Primer Conde de Casa de Bayona (José Bayona y Chacón). Inauguró el poblado con treinta familias y le construyó además, un ingenio.

El conde edificó también una capilla en su casa y en ella colocó

Catedral de Sta. María del Rosario.

Patio de la Casa de los Condes.

Esta pequeña localidad, que en lo alto de su trono en la meseta ve el constante fluir de su vecino arroyo, tuvo el honor de ser nombrada Ciudad Condal el día 4 de abril de 1732; este título le fue otorgada al ser fundada por el José Bayona, primer Conde de la Casa Bayona.

una bonita imagen de Nuestra Señora del Rosario de la que era devoto. La imagen dio nombre al poblado y se convirtió en la patrona a la que los días 7 de cotubre se le rinde culto.

A la capilla particular iban tantas personas a orar, que pronto hubo que construir otra iglesia, esta vez de madera, y con el tiempo, el Segundo Conde de Casa Bayona (sobrino del primero) hizo edificar la preciosa iglesia que ahora se erige en medio del poblado, junto al Parque Martí, con torre de dos pisos. Es una construcción barroca de la segunda mitad del siglo XVIII, un conjunto arquitectónico cuyo altar e imágenes, techos y rejas armonizan con singular encanto.

En su interior se pueden apreciar cuadros del famoso pintor cubano Nicolás de la Escalera (1734-1804). Con su arte, surgió por primera vez en la iglesia cubana, la presencia del negro. La imagen de Nuestra Sra. del Rosario está allí, representando el aureo altar de la iglesia, que es hoy, Monumento Nacional.

La historia de Santa María del Rosario queda atrapada en la continuidad de su propio origen, agradable policromía de contrastes entre una naturaleza muy viva y la conservación de sus valores arquitectónicos y ciudadanos. Los rosarios brindan una

Placa en la Casa de los Condes de Casa Bayona.

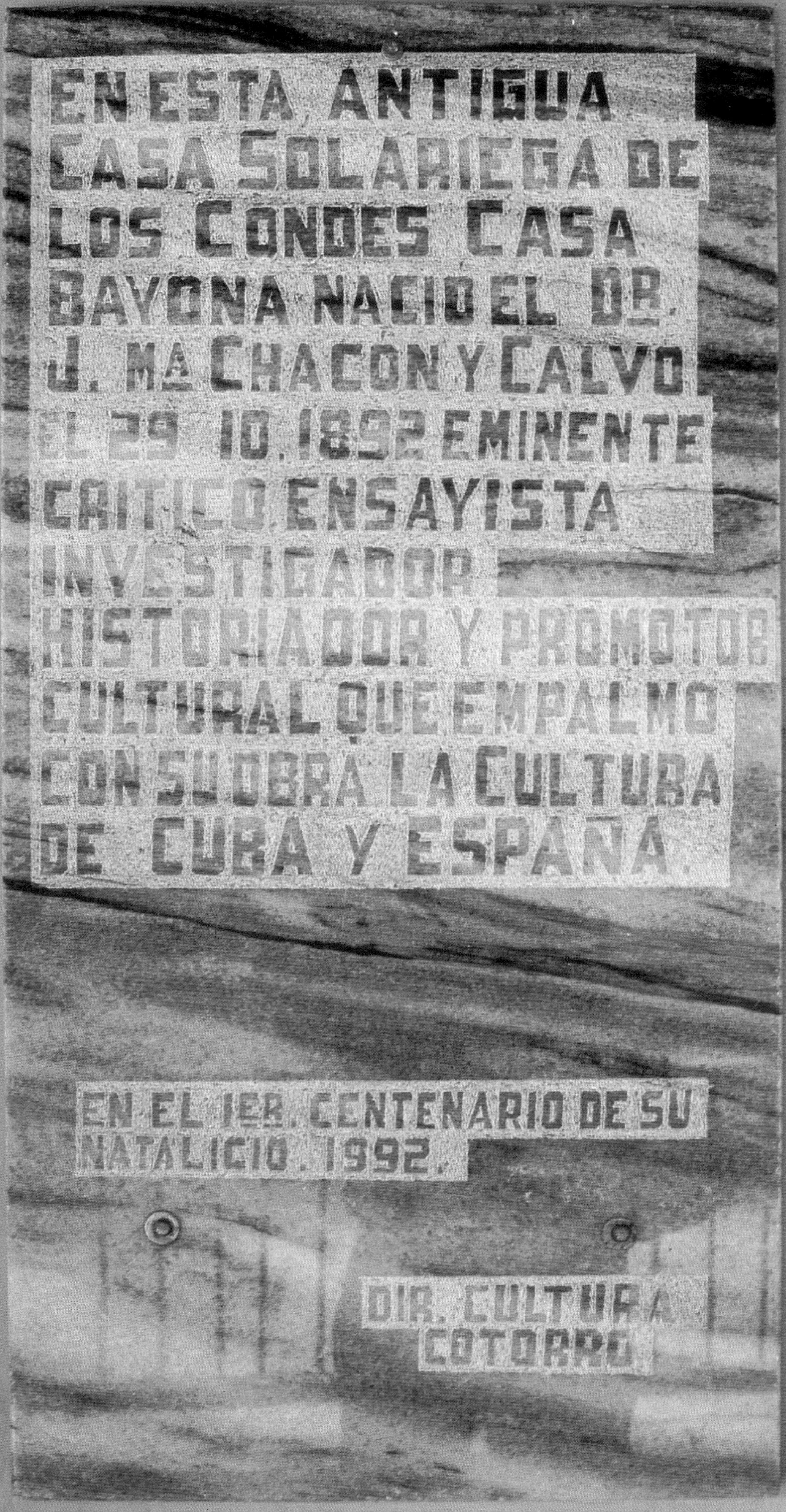

EN ESTA ANTIGUA
CASA SOLARIEGA DE
LOS CONDES CASA
BAYONA NACIÓ EL DR.
J. Mª CHACÓN Y CALVO
EL 29.10.1892 EMINENTE
CRÍTICO, ENSAYISTA
INVESTIGADOR
HISTORIADOR Y PROMOTOR
CULTURAL QUE EMPALMÓ
CON SU OBRA LA CULTURA
DE CUBA Y ESPAÑA.

EN EL 1ER. CENTENARIO DE SU
NATALICIO. 1992.

DIR. CULTURA
COTORRO

El nombre de este pequeño poblado le fue designado por Don José Bayano, que fue devoto creyente de la figura de Nuestra Señora del Rosario. El día 7 de octubre es el día señalado para rendir culto a su sagrada imagen.

acogida encantadora, atienden al viajero con amable hospitalidad brindando orgullosos su pueblo.

Por un lateral del Parque Martí, frente a la entrada de la iglesia, se encuentra la Casa de la Cultura. Con su estilo colonial remozado pero impecable, esta había sido fundada en el año 1941 para dedicarla a la vida social de aquella época. El Club "Rosareño", como le llamaban, era el lugar de reuniones de los jóvenes, que solían ir en "mangas de camisa", a escuchar la radio, bailar y jugar a las cartas y al billar.

En sentido opuesto a esta, es decir, atravesando el parque, se encuentra la que fuera la primera casa de los Condes de Casa de Bayona, una primorosa estructura colonial del siglo XVIII con espacios dispuestos para pasar agradables temporadas. Su portal techado es amplio y en él se puede guarecer el caminante, del ardiente sol de la isla. Destaca el patio umbroso, engalanado por árboles legendarios y aromatizado por preciosas flores que se enredan en su propia fantasía silvestre. En estos momentos, la antigua casa del conde es un bonito restaurante llamado "El Mesón", en él se disfruta de comida auténticamente cubana, su diseño, moviliario y accesorios recuerdan la época de nuestros abuelos asturianos, gallegos, isleños... En el acogedor patio, se sirven aperitivos y se degustan los licores nacionales en cualquier combinación.

Santa María del Rosario, no quedó sólo en el gracioso poblado recibiendo la brisa del arroyo cercano. Cuentan, que entrando en años el conde, comenzó a padecer de la gota y viendo que no cura-

Casa de los Condes de Bayona, «Casa Bayona».

Fachada principal de la Catedral de Sta. María del Rosario.

En el interior de la preciosa iglesia que hay en el interior del pueblo (junto al Parque Martí), podemos contemplar la obra pictórica del artista Nicolás de la Escalera, autor original que incluyó la presencia de la raza negra en sus obras. Hoy es esta iglesia barroca Monumento Nacional de la isla de Cuba.

ba se retiró a sus aposentos a esperar su final. Con dedicada sumisión, un esclavo de su ingenio, traía diariamente, agua del arroyo y bañaba el cuerpo dolorido de su amo. El tiempo fue testigo de su mejoría y por eso, desde 1830, existe en Santa María del Rosario el primer balneario de Cuba, con aguas de extraordinaria calidad terapéutica, por su contenido de sulfihídrico, cloruros, sulfatos, bicarbonatos, silicio, potasio, hierro y magnesio.

En la actualidad es un confortable lugar, que dispone de servicios médicos ambulatorios de algunas especialidades como fisioterapia, dermatología, psicología, medicina general y servicios terapéuticos.

Anexo a este se encuentra el Instituto de Belleza que complementa un bello complejo recreativo en una ubicación excepcional; hermoso contorno arquitectónico y topográfico que alejado del centro de la ciudad de La Habana ofrece más paz.

Aquí, el sonido es rumor y cuando baja la luz, cientos de gorriones se acercan a los árboles de todo el condado y disfrutan del sueño que llega con el susurro de la brisa vespertina. Santa María del Rosario queda, en una foto, como una flor en la mañana.

Una característica fundamental de esta villa es que entre sus edificios nos encontramos con el que es el primer balneario de Cuba.

Gerona

¡Tesoro!;
Playas, selvas, manantiales.
Atardeceres... amanecer.
Flora y fauna majestuosos.
Encantadores corales del Caribe.

Una accidentada costa de vegetación exuberante se vislumbra, si se recorren cuarenta y siete kilómetros desde las costas del Golfo de Batabanó, al sur de la provincia de La Habana, por barco o en la lancha denominada Cometa. Llegar y ser recibido por delfines es sentirse descubridor al ambientarse con la topografía ondulante de la isla más bonita y grande, que forma parte de los seiscientos setenta y dos cayitos e islotes del Archipiélago de "Los Canarreos".

La isla es rumorosa por el amplio asiento de pinos que se extienden al cielo ambicionando luz; embriaga el olor del pinar, mien-

Iglesia de Ntra. Sra. de Dolores.

Calle Mayor de Gerona.

En esta sensacional «ínsula», que dista cuarenta y siete kilómetros del Golfo de Batabanó (al sur de la provincia de La Habana), podemos ver la ingeniosa mezcla natural del mar con su rica vegetación.

tras la vista se regodea con aquellos mogotes que guardan bajo su capa vegetal, una riqueza incalculable de mármol. Impresionantes sus playas rosadas y negras, sus selvas compactas pobladísimas de pedregales, frondosas palmeras y manantiales bondadosos de aguas sulfurosas queridas por los extranjeros, más que todos por los americanos que fueron también sus pobladores. Es la Isla de la Juventud, cuerpo de los ojos de su capital: Gerona. Agradable sensación de aventura. Interminable placer de existir.

Casa típica en la Calle Mayor.

Al recorrer los nueve kilómetros que separan el embarcadero hasta la Ciudad de Gerona, parece que se recrea la historia, en el camino, aparecen: Drake, Morgan, Hawkinns, Diego Grillo y Pepe el Mallorquín, los más famosos forajidos del mar, que hicieron de la bonita isla sureña un templo de contrabando y fechorías por espacio de cuatro siglos, cuando al estar alejada de las principales rutas oceánicas, no le quedó más remedio que ser el abastecimiento, así como base de asaltos, de los malvados de banderas negras con carabelas y tibias cruzadas por símbolo. Cuando el tres de junio de 1494, el audaz Almirante Cristóbal

Porche lateral.

Típica puerta enrejada en Nueva Gerona.

Colón regresaba de su segundo viaje a estas tierras, dio de lleno con esta isla y la llamó Evangelista, a pesar de que sus aborígenes la llamaban CAMARACO, pero su nombre fue tomando las tonalidades que le daban la naturaleza y su propia historia: Isla de Pinos, por el abundante pinar; Isla del Tesoro, a causa de los piratas, filibusteros y bucaneros; Isla de las Cotorras, por la abundancia que de estas policromadas aves existía; Isla de las Tortugas, por la cantidad de estos quelonios en sus costas…, etc.

Desde 1773 el Capitán General Federico de Fondesvilla dispuso que la Isla contribuyese anualmente al abastecimiento de La Habana, con algún ganado. Años más tarde, el comisionado del Capitán General Francisco Dionisio Vives, se dirigió a una pequeña población que había sido fundada por Andrés Acosta y consiguió de este, que le cediera al Estado una legua del terreno para fundar una población. La repartió gratuitamente y distribuyó en solares con la obligación de que edificaran viviendas en el plazo de un año. Levantó los planos y así quedó fundada Nueva Gerona, la ciudad que interrumpe con su belleza física el encanto de la naturaleza abierta de la Isla.

Fue fundada el 17 de diciembre de 1830 y se encuentra al noreste de la Isla de la Juventud (nombre actual), entre las Sierras de caballos con doscientos noventa y cinco metros sobre el nivel del mar y la de Las Casas, con doscientos sesenta y dos metros sobre

Carretera hacia el hotel Colony.
Bella casa en madera.

La gente que desarrolló una vida dedicada al pillaje bajo el signo de un par de tibias y una carabela, encontró en la isla de Camaraco un refugio donde el Almirante Colón había desembarcado el día 3 de junio de 1494 (la llamó Evangelista).

Portada de Iglesia Metodista.

Casas porticadas, en las que podemos apreciar sus columnas.

Escuela de Nueva Gerona.

Bungalow en madera.

Casa donde residió Martí durante su exilio en la Isla. Patrimonio Nacional.

Restaurante típico.

Ayuntamiento de Nueva Gerona.

el nivel del mar y a unos tres kilómetros aproximados de la desembocadura del río Casas, que atraviesa el poblado con sus diecisiete kilómetros de extensión, navegables hasta el puerto. Cuando el río se une con el mar se enfrenta el visitante a uno de los espectáculos más hermosos de la naturaleza en esta región. En tiempos de tempestades, el puente se levanta y las embarcaciones pasan hacia la parte del río donde las aguas son más tranquilas. La base de la Ciudad de Gerona es un gran valle bañado por el río Casas.

Al poblado se le dio el nombre de Nueva Gerona, en recuerdo de la defensa que de aquella ciudad catalana había hecho el Capitán General Vives, en la Guerra de Independencia española

Lo primero fue la cárcel (el famosos presidio Modelo), construido para encerrar en ella a todo aquel que no hubiera llegado a concesión alguna con el gobierno. Llegar recluso a La Isla, era una especie de destierro.

Embarcaciones en el Puerto de Nueva Gerona.

Luego fue la ciudad. Es Gerona una ciudad que conserva en su mayoría, el estilo arquitectónico de la colonia española. En 1847 se edificaron la Iglesia, bajo la advocación de Nuestra Señora de los Dolores, la que representa al pueblo pinero, dos escuelas de primeras letras y otros edificios de hermosa construcción para servicios públicos. A un costado de la Iglesia, el parque de la Cotorras, es muy vistoso a causa de la gran jaula de estas aves que llama la atención a todos al pasar. Años más tarde, se edificaron nuevas residencias particulares y los habaneros crearon viviendas y hoteles para temporadistas, así que ya no sólo venían a la ciudad los reclusos que eran fuertemente castigados y cumplían sus penas en la famosa cárcel de La Isla.

Establecimiento particular de comida y bebida «Paladar».

En 1940 una colonia de americanos impuso su estilo en la arquitectura y dejó su huella residencial. El Museo Municipal, representa esta época con su piso de tabloncillos. El lujoso Hotel Colony aunque construido a mitad de siglo es muestra de esa arquitectura, en la zona en que se encuentra, se halla la barrera coralina más hermosa del Archipiélago "Los Canarreos" y posiblemente del mundo.

De visita en la ciudad puede valorarse, además, el Planetario o, la casa donde vivió un tiempo, el Apóstol de Nuestras

Este nombre tan típicamente catalán le fue impuesto en recuerdo del Capitán General Vives, rememorando la gesta que realizó al defender aquella ciudad catalana en la Guerra de la Independencia.

Guerras de Independencia José Martí. Se encuentra en una zona conocida como El Abra, donde argentinas aguas de la presa del mismo nombre la acompañan.

Gerona tiene historia de tradición. Se baila el Sucu-Sucu en parejas lo que hace que en su reserva cultural existan parejas profesionales que muestran su arte en los festejos pineros. Una de las ocasiones más trascendentales, es sin dudas "El Carnaval de La Toronja", fiesta que se realiza en la época de la recolección del preciado fruto.

También podemos apreciar las innumerables manualidades, haciendo vasijas de formas caprichosas y con variados tamaños. Búcaros, brazaletes, copas, etc., en maderas preciosas de las que existen unas doscientas especies en el sur de la Isla.

Gerona huele a azahares de sus cítricos, que es el principal renglón económico que posee y ofrece sus apetitosos jugos frescos y envasados por "Zum Zum", muy apropiados para su cálido clima. Los pineros son dueños de grandes melonares que atendían los colonos chinos y de la "fruta del pan" muy carnosa y sólo comible después que se cocina.

Desde la ciudad puede perderse la vista en un verde sin fin de su naturaleza, que es su más preciado "tesoro". Podrá escogerse, entre las Sierras y el río Las Casas, bordeado, a veces de bambú, que invita a descansar en plena soledad, y la Playa Bibijagua, de arenas negras donde destella el sol, pero el frescor de las palmeras y cocoteros al atardecer, ha de mitigar cualquier fatiga circunstancial.

Este poblado ve cómo, dentro de su conservado conjunto arquitectónico, se mezclan desde el estilo colonial hasta el aire residencial que dejaron impreso los norteamericanos en 1940. El olor a mar junto a la fragancia de sus azahares impregnan al pueblo para agradar al olfato.

San Diego de los Baños

¡Oh, San Diego, mitiga
nuestras malesas
con tus aguas!

Taita Domingo, esclavo de Don Pedroso, se sintió enfermo, su negra piel dañada le escocía sin piedad y fue expulsado. Angustiado y adolorido de cuerpo y alma, se refugió en una cueva cercana al charco de las doce palmas y allí acontecía que su mal se aliviaba hundido en aquellas aguas tibias. Al tiempo, el taita sanó y pudo regresar a su tierra gracias al milagro de San Diego.

El agua permanece, emerge de lo más profundo de la tierra con propiedades que Taita Domingo desconocía, para que el Santo Patrón de la localidad moviera su varita mágica, a ritmo de aguas termales y montes espesos de cedros, caobas, cuajani,

Jóvenes bañándose en el río San Diego.

Casa colonial en San Diego.

Parque de San Diego de los Baños.

jobo, almácigo y en especial, las colonias de palma corcho que son ya patrimonio nacional. Verdor poblado de fauna que armoniza con tanta vida de puro destello tropical. En los árboles, jutías que conviven con gran variedad de aves que llenan el aire con sus trinos, entre las que se encuentra el tocororo —que es el ave nacional— y el aparecido de San Diego, ave endémica que se localiza sólo en éste sitio del país.

¿Cómo habría sido San Diego sin el mítico fulgor del Taita Domingo? El negro esclavo sanó, y el tiempo se encargó de darle a las aguas del río San Diego y sus piscinas naturales, las propiedades reales que poseía.

El nombre de "Baños de San Diego" está determinado por el flujo de personas que acudían a bañarse en las márgenes del río San Diego para eliminar enfermedades óseas e infecciones de la piel. Los enfermos que acudían en busca del milagro de las aguas del sitio, improvisaban ranchos y chozas que eran destruidas al terminar las temporadas curativas.

El poblado se fundó en 1844, cuando Don Luis Pedroso, encargó al agrimensor Don Cristóbal Gallegos, hacer el trazado urbanístico de San Diego de los Baños, y así, aquellas viejas chozas que servían de alojamiento a los enfermos, se fueron sustituyendo por

El nombre de San Diego de los Baños hace justicia con la realidad de esta localidad, pues desde finales del siglo XIX ha sido destino de las personas que acudían al pueblo para tomar baños en el río San Diego.

En un principio las fiestas se celebraban en abril, que hasta hace poco se unían a las verbenas de San Diego, pero estas últimas han quedado relegadas al ambiente familiar.

edificaciones en la localidad que ya tenía nombre propio. Tranquilino Sandalio de Noda, fue reconocido, como uno de los más sólidos impulsores de esta labor con innumerables iniciativas. San Diego de los Baños se encuentra ubicado en el municipio de Los Palacios en la provincia de Pinar del Río y a él se llega con fácil acceso por cuatro vías diferentes, todas por carretera: dos por autopista, otra por la carretera central y la última por el Circuito Norte; es una porción de terreno, que se eleva a 75 m sobre el nivel del mar. Limita al norte con el municipio La Palma, al sur con Paso Quemado y el municipio Consolación del Sur, al este con San Cristóbal y al oeste con La Palma y Consolación del Sur nuevamente.

La población asciende a 2650 habitantes.

El territorio de San Diego de los Baños tiene su origen en asientos del continente europeo con menos influencia de africanos y asiáticos, por eso su composición étnica define mayoritariamente la raza blanca, aunque existen exponentes de la raza negra y mestizos.

El poblado como tal, es pequeño, posee 128,5 km cuadrados y en toda su extensión posee varios monumentos arquitectónicos con valores patrimoniales, el más importante y primoroso de ellos es el Parque Nacional "La Guira", de gran atractivo turístico. El centro histórico urbano de San Diego ha sido propuesto a declararse Monumento Nacional, dadas las características especiales y la construcción del mismo.

Son bonitas las fiestas tradicionales del pueblo cuyo motivo a priori es celebrarle el cumpleaños a San Diego, que por cierto, cuenta con variantes históricas de aparición. Por una parte, el río y sus baños, por la otra, se dice que el nombre es a propósito de San Diego de Alcalá, porque según cuentan algunos historiadores Don Diego de Zayas Bazán fue también otro de sus antiguos fundadores.

Al principio, las fiestas se celebraban en el centro histórico del

Aunque el origen étnico de sus habituales habitantes desciende de la raza blanca, es natural (como en el resto de la isla de Cuba, pero aquí en menor proporción) encontrar representantes de la raza negra y también mestizos. A parte de tener el centro turístico del Parque Nacional «La Guira», el centro urbano ha sido presentado para su elección como Monumento Nacional.

Podemos decir que la mezcla entre la religión católica y los cultos africanos no es en esta población tan evidente, quedando esta última un poco relegada entre sus habitantes.

pueblo, los días 21, 22, 23 de abril. Se unía a estas las verbenas de San Diego, oriundas desde la época colonial, que permanecieron hasta hace pocos años y actualmente se realizan aisladamente en familia y continúan proliferando y creciendo, en la medida en que el espíritu tradicional se va rescatando y ya no son sólo aquellas verbenas familiares sino que han sucedido los guateques campesinos, las serenatas, las peleas de gallos y las tertulias culturales. El conjunto de estas manifestaciones artísticas, demuestra el desarrollo de la cultura de su pueblo.

Por otra parte es atractivo conocer, que a pesar de que uno de los componentes de la población fue el esclavo africano devenido en el negro y mulato actual, los nativos no se apasionan por los cultos sincréticos, más bien sienten un fuerte apego a la religión católica que profesan abiertamente, sin olvidar, que dentro del desarrollo cultural, la influencia africana aparece únicamente, que se conozca, en grupos folklóricos vinculados a la cultura. El ejemplo más certero lo constituye el Grupo Folklórico llamado "Danza, Teatro, Cuerpo, Orichas de Iré".

Orgulloso de su generosa hospitalidad y consciente de ser motivo de inspiración, San Diego recoge entre sus más antiguos visitantes a Cirilo Villaverde y Gertrudis Gómez de Avellaneda, grandes literatos decimonónicos cubanos, así como a el maestro Gonzalo Roig, quien compuso durante su estancia en el poblado: "Africa habla" y "La hija del sol", como para que el ritmo instrumental y acuático permanecieran en atenuado compás.

Los residentes en estas tierras se sienten orgullosos de su hospitalidad, característica que propició la visita a la localidad de prestigiosas personalidades, como Cirilo Villaverde (secretario de Narciso López).

Fachada Hotel «Saratoga».

El aspecto más importante de este pueblo lo constituyen sus famosas aguas minero-medicinales, que catalizaron el desarrollo de un turismo interesado en el reclamo del Centro Balneológico; esta oferta, complementada con la red hotelera, satisface la demanda de los que necesitan estos servicios.

Remontándonos a los inicios, no cabe duda que la expresión máxima de virtud que tiene este occidental pueblo de Cuba, son sus aguas mineromedicinales, las que han conformado un ventajoso turismo de salud como principal oferta a través de un Centro Balneológico y una red hotelera que intenta satisfacer las demandas crecientes de los necesitados que además confían y aman la naturaleza.

Estar en San Diego de los Baños es tocar una nube que ha de andar fisgoneando donde posar su carga llorona para regenerar la pureza necesaria para el cuerpo, rodeados además de un microclima que se justifica con las particularidades de la región. Las aguas profundas pueden verter sus caudales en costas rocosas o playeras como para arrancar de sus entrañas la vida y colocarla sobre los hombros de quienes llegan para recibir de esta grandeza natural, la pincelada final del pintor, que culmina el último detalle de su obra. La gente de tierra delimitada por agua, la recibe; se vuelve diáfana y arrastra consigo su fuerza submarina y transparente, la energía activa y consciente... tal vez violenta, o por el contrario, recobra su espíritu en la quietud de aguas subterráneas, en el remanso apacible y tierno que emerge de la tierra, en la suave tranquilidad y la renovación constante que define la lluvia al caer.

Aguas marinas y subterráneas convierten en espejo traslúcido la villa de San Cristóbal de La Habana, protagonista de Carenas, cuando en el Siglo XVI las naos europeas acercaron sus empinadas proas y entrando a la bahía anclaron en diferentes y primitivos sitios del este.

Entrada al Balneario San Diego.

Viñales

Valles entre mogotes, cuevas pequeñas, cavernas con inmensos salones, lagos y ríos subterráneos...

Existen, sin lugar a dudas, obras perfectas de la creación, y sin detenernos a pensarlo, Viñales es el reino cárstico de Cuba, que no deja paso a otro emblema. Antes de acercarnos al poblado, la apreciación de los valles intramontanos es una invitación de placer y deleite incomparables.

En la región de Viñales, motivo de inspiración para poetas y pintores por sus atractivos mogotes y la frondosa vegetación de sus valles intramontanos. Algunos mogotes miden centenares de metros de altura y en su configuración semejan caprichosas formas. El conocido por "El Elefante" se levanta en el valle de Luis Lazo y se recrea junto a otros bañados de esa luz

Plaza e Iglesia en Viñales. Plaza de la Iglesia.

Antigua casa colonial reformada como restaurante.

Los terrenos cársticos, que abundan en esta región, son uno de los principales componentes de un bello conjunto natural. Caliza, agua y vegetación recrean un escenario precioso para deleitar la vista del turista.

que cada minuto del día va variando la tonalidad de toda la zona.

Los valles son numerosos y además rivales entre sí de infinita belleza. Situados entre alturas pizarosas y las elevaciones calizas, tenemos, a saber: Luis Lazo, San Vicente, El Ancón, San Andrés y Laguna de Piedra, entre otros. En San Vicente se encuentran manantiales sulfurosos muy apreciados.

En un tramo pequeño de altos farallones, en medio de una exuberante vegetación, aparecen entradas de numerosas cuevas. Son ellas, la de José Miguel y la del Indio. Esta última es una caverna de 300 metros que baña su interior con ríos subterráneos que se pierden entre las rocas calizas.

A través de un atractivo desfiladero conocido como Puerta de Ancón, se llega al valle San Vicente, primero en el recorrido, que cuenta con acogedores centros turísticos. Este, comunica a la vez con otro, el de Ancón, que se encuentra siguiendo por la carretera o en caso de que se quiera andar, se llega a él cruzando el Hoyo del Ruiseñor y una caverna de

Patio interior de la Sociedad de la Colonia Española.

Ornamento en una fuente en el patio de una casa colonial.

Patio del Decimista.

Antigua Sociedad de la Colonia de España.

cortas proporciones. Una de las peculiaridades de Ancón es el surgimiento casi en uno de sus extremos de un riachuelo que corre bajo tierra, desde el sur, cruza el valle hacia el norte y separa dos sierras vecinas mediante un desfiladero o abra. Varias jornadas harían falta para empeñarse en desafiar tamaña naturaleza y conocerla al dedillo; sin embargo, estando en el valle, es evidente, que los hoteles La Ermita y Los Jazmines son lugares idílicos desde donde se puede extender la mirada al detalle nimio en puro estado contemplativo.

Primero apareció esa naturaleza, que bajo sol y sereno mantiene su equilibrio polícromo ayudado por la luz. Luego nació el poblado que representa al precioso valle.

Se fundó el 2 de enero de 1873, y aunque se desconoce quién lo nombró Viñales y por qué, es evidente que el origen de la población es europea y africana, quienes desarrollaron una vida socio-económica amparados en el cultivo del aromático puro cubano.

Fundada el día 2 de enero del año 1873, esta villa de Viñales cuenta con una población de origen europeo y africano, población que se dedica a desarrollar la producción del característico puro cubano.

Interior de la Sociedad de la Colonia Española.

Mesa de madera labrada, decorada con semillas y caracolas, en la Sociedad Colonial.

Detalle de casa en Viñales

Plaza de la Iglesia.

Bici Restaurant frente al Tribunal Provincial en calle principal.

Interior de la Cueva del Indio.

Salida de la Cueva del Indio.

Está en un área de 69 377 km. cuadrados y se localiza en la vertiente norte y centro de la provincia de Pinar del Río, a la que se puede llegar absolutamente por carretera.

Es este un poblado arquitectónicamente sencillo y mantiene una forma homogénea que actúa como conjunto más que como suma de individualidades, así, son pocos los inmuebles que pueden sobresalir por sus valores arquitectónicos, estando los más sobresalientes alrededor de la Plaza de la Iglesia donde podemos encontrar un edificio que sirvió de sede a La Sociedad de la Colonía Española y la Iglesia Parroquial de una sola nave, cuyo estilo es de influencia toscana. También aparecen varios monumentos símbolos de la trayectoria histórica y cultural del pueblo de Viñales, entre ellos, el conocido Ceja del Negro, erigido al acontecimiento histórico de la batalla de Antonio Maceo. Asimismo, el Panteón de los Mártires del Rosario, el monumento a José Martí, el monumento a Domingo Ramos y a Don Carlos de la Torre quien participó en el descubrimiento de Viñales.

Mural de la Prehistoria.

Ciclista llevando un Cake de «15» en la calle principal de Viñales.

Es un pueblo alegre, Viñales, la naturaleza campestre con ese compendio de lomas y llanos, tantas líneas encontradas entre sí, ponderan sonrisas y movimientos transparentes, gestos sinceros, campechanos y sobre todo, acogedores. El viñalero, te sirve de guía y con seguridad, se ha de pasar una buena temporada contemplando luna y estrellas al ritmo de un guateque navideño. Conservan sus tradiciones con alto sentido religioso y se amparan bajo el Sagrado Corazón de Jesús como Santo Patrón, que lo es por disposición eclesiástica. Viven la familiaridad de las Fiestas de La Candelaria (San Cayetano), las Fiestas de San José, las Fiestas de la Purísima Concepción y las Fiestas del Grito de Baire.

A pesar de ser católicos por excelencia, Viñales no posee catedral, sólo una Iglesia Católica y otra Bautista, ambas situadas en el casco histórico urbano.

Aproximarse es vivir su propia vida, es ver en su propio terreno cómo existe un lenguaje que demuestra la evolución del hombre, en un mural realizado en las montañas junto al valle, y apreciar también la creatividad infinita en los disímiles trabajos artesanales manifiestos en cestería, obras textiles, pinturas, bordados, tallas en madera, artes de pesca, trabajos con caracoles, etc.

Por la misma puerta de entrada natural se ha de salir del pequeño poblado viñalero para que quede como una foto imperecedera, la grandilocuencia de sitio admirable que sólo ha contado para existir, con su propia presencia.

El Viñalero es un fantástico anfitrión, que servirá de guía a cualquier turista. Los viñaleros son amantes de sus tradiciones, sentimiento que explica la razón de su actitud conservadora frente a sus fiestas.

La arquitectura de este pueblo está valorada por su conjunto, no por algún edificio que sobresalga entre los otros. Los más bellos están ubicados alrededor de la Plaza de la Iglesia.

Vista desde el interior de la Cueva del Indio.

Entrada a la Cueva del Indio.